이제 당신의 손을 놓겠습니다

이제 당신의 손을 놓겠습니다

'나'를 위한 관계 덜어내기 수업

기시미 이치로

전경아 옮김

큰숲

낯선 청년의 고민을 듣다

————

스스럼없이 다가오거나 살갑게 구는 사람을 보면 이런 생각
이 든다. 뭔가 속셈이 있는 건 아닐까. 짐짓 좋은 사람인 척하며
나를 넘어뜨릴 기회를 엿보는 건 아닐까. 이렇게 친해져놓고
나중엔 떠나버리는 게 아닐까. 물론 매번 이렇게 생각하지는
않지만, 인간관계에 문제가 생길 때면 이런 의심이 고개를 들
어 사람들과 어울리는 게 겁나곤 했다.

내가 만난 청년들 중에도 인간관계를 적극적으로 맺으려는
사람이 드물었다. 사람과 관계를 맺다 보면 마찰이 생기기 마
련이고 그럴 때 상처를 받는다는 이유에서였다. 청년들과 상담
하는 자리에서 나는 '자신을 좋아하느냐'는 질문을 던진다. 그
러면 "별로 좋아하지 않는다"라거나 "너무 싫다"라는 대답이

돌아온다. 자신을 좋아하는 사람은 상담을 받으러 오지 않는 것이다.

요즘 사람들은 친구가 많은 사람, 밝고 적극적인 사람을 선호하는 듯 보인다. 소셜 네트워크 서비스인 SNS 팔로워 수를 중요시하고 팔로워가 많으면 자신이 우월한 사람이라도 된 것처럼 착각하는 이들도 있다. 하지만 청년들과 얘기하면서 정작 현실에서는 밝고 적극적이며 친구가 많은 사람이 그리 많지 않다는 생각이 들었다.

어느 날 고속열차를 타고 가는데 옆에 앉은 청년이 내게 무슨 책을 읽고 있느냐고 물었다. 요즘은 전철이나 열차 안에서 책을 읽는 사람을 거의 볼 수 없어 누군가 책을 읽고 있으면 뭘 읽고 있는지 궁금해진다. 하지만 그렇다고 책 읽는 사람에게 말을 걸지는 않으므로 청년이 물어오자 조금 놀랐다. 나는 그때 읽고 있던 책인 정신과 의사 기무라 빈木村敏의 저서를 보여주고 내용을 간단히 설명했다. 그러면서 청년이 정신의학 서적에 관심이 있을까 싶었는데, 뜻밖에도 그가 이런 말을 했다.

"저는 병원에 입원하라고 권유받을 정도로 심각한 우울증에 시달리고 있어요. 제 상태를 모르는 주변 어른들은 어떻게든 사회에 적응해야 하지 않겠냐고 하시는데, 그건 저에게 죽으라는 말이나 마찬가지예요. 저는 어떻게 하면 좋을까요."

자세한 이야기는 하지 않았지만 아마 일을 하고 있지 않은 듯했다. 나는 그에게 자기 인생을 살면 된다, 남들처럼 살지 않아도 괜찮다고 말해주었다. 그러다 열차가 목적지인 교토에 도착하는 바람에 읽던 책을 청년에게 건네주고 열차에서 내렸다.

흔히 사람들은 인간관계에 뛰어들어 남들처럼 생각하고 남들처럼 살라고 한다. 학교에 가지 않으면 학교에 가야 한다고, 일을 하지 않으면 일을 하라고 말한다.

그렇게 남들처럼 사는 것을 당연시하고 의문을 품어본 적 없는 사람은, 사회 적응이 죽음이나 마찬가지라는 그 청년의 말을 이해하기 어려울지도 모른다. 그러나 남들과 똑같이 살아가는 일에 거부감을 느끼는 사람이라면 그가 말하는 '죽음'의 의미를 이해할 수 있을 것이다. 타인의 기대에 부응하기 위해 살다 보면 자신을 잃게 마련이다. 그건 죽은 것이나 다름없다. 청년은 우울증을 앓고 있다고 말했으나, 아무 의심도 의문도 없이 남들 사는 대로 따라가는 세상의 많은 이들이 오히려 정상이 아닐지도 모른다.

물론 사회에 적응하고 남들처럼 사는 것에 거부감이 있는 사람도 이 세상을 혼자 살아가지는 않는다. 하지만 그렇다고 해서 다른 사람들과 똑같이 생각하고 행동해야 하는 것은 아니다. 남들과 똑같이 사는 걸 당연하게 여기고 거기에 억지로 적응하려고 하면 삶이 괴로워질 수도 있다. 적응을 강요하는 사람들 틈에서 자신을 잃을 것 같아 고뇌하는 사람도 있는 것이다.

이로운 관계를 맺는다는 것

코로나19 바이러스는 우리가 사는 세상을 엄청나게 바꾸어 놓았다. 그렇게나 큰 변화를 맞으리라고는 누구도 예상하지 못했을 것이다. 그런 변화가 한편으로는 인간관계의 의미를 생각하는 계기가 되기도 했다. 멀리 떨어져 사는 가족을 만날 수 없게 되었고 병원 면회도 제한됐다. 만날 수 있지만 만나지 않는 것과, 만나고 싶은데 만날 수 없는 것은 천지 차이다. 이런 경험을 통해 관계의 중요성을 다시금 깨닫게 되었지만 동시에 개인이 관계를 맺는 방식도 재검토할 수 있었다.

우리는 어려서부터 사람은 사람과 연결되는 것이 중요하다고 배웠다. 그렇듯 사람들과 사이좋게 지내는 것이 중요하다고 하는데도 정작 세계에서 불화와 전쟁이 끊이지 않는 이유가 뭘까. 사람과 연결되는 것이 어떤 의미인지 정확히 이해하지 못한 상태에서 그저 관계를 맺는 것만 중요하다고 배우기 때문이 아닐까.

앞으로 살펴보겠지만, 내가 오랫동안 연구해온 오스트리아의 정신분석학자 알프레드 아들러*Alfred Adler*는 '공동체 감각'을 사상의 핵심에 두고 있다. 아들러에 따르면, 사람과 사람은 본래 연결되어 있다고 생각하지만 그렇다고 해서 그냥 연결되기만 하면 되는 것은 아니다. 어떤 관계도 저절로 성립되지 않는다. 이 책에서 내가 말하고자 하는 것은 관계를 맺는 '방식'이다.

'관계 속으로 들어간다'고 하면 관계가 저절로 생겨나 그 안에 들어가는 것으로 여기기 쉽지만 그렇지 않다. 세 살이 된 아들이 어느 날 진지한 얼굴로 내게 물었다. "내가 없어서 둘이 외롭지 않았어?" 머지않아 딸도 태어났다. 아이들이 없던 시기에는 도대체 어떻게 하루하루를 보냈는지 이젠 기억도 나지 않는다. 아이들이 없는 우리 집은 더 이상 존재하지 않는다. 아이가 가정의 모습을 바꾸어놓았기 때문에, 아이가 태어나 가족의 일원이 되면서 새로운 가정이 생겼다고 볼 수 있다.

사람 사이도 마찬가지다. 사귀는 두 사람의 관계도 사귀기 전에는 존재하지 않았다. 사귀기 시작하면서 둘이 같이 관계를 만들어가는 셈이다. 학교나 회사는 시간상으로는 자신이 거기에 들어가기 전부터 존재했지만, 그때는 자신이 소속되지 않은 학교, 회사였다. 자신이 소속된 순간 그 이전의 학교나 회사는 사라지고, 새로운 모습의 학교나 회사가 형성된다. 그리고 이 경우에도 학교나 회사에 이미 속해 있던 사람과 함께 관계를 만들어간다.

그러나 어떤 관계도 자동으로 성립되지는 않는다. 아이가 태어난다고 해서 가족관계가 좋아지는 것은 아니다. 호감 있는 사람과 사귀기 시작했다고 해서 관계가 바로 좋아지는 것도 아니다. 사랑하는 것만으로는 충분치 않다. 좋은 관계를 위해 행동해야 하고, 어떤 관계를 맺을지 고민해야 하며, 관계를 어떻게 만들어가야 하는지 알아야 한다.

연결되지 않을 각오

얼핏 좋은 관계처럼 보여도 알고 보면 지배와 의존 관계인 경우가 있다. 이 관계는 일방적으로 형성된 관계다. 억지로 관계를 맺는 경우도 있다. 내가 보기에 오늘날 특히 문제인 것은 사회 분위기가 사람들과 연결되기를 강요한다는 점이다.

아무것도 하지 않으면 좋은 관계를 맺을 수 없지만, 적극적으로 관계를 맺고자 하면 나중에 들어온 사람이라도 가정, 학교, 직장의 모습을 바꿀 수 있다. 그러나 변화를 좋아하지 않는 사람은 이미 존재하는 관계에 개인을 적응시키려 한다. 이는 관계를 강요하는 것이며 이러한 강요로 인해 사람들은 고통을 느낀다.

요즘 같은 시대에는 '연결되지 않을 각오'가 필요하다. 이것은 타인과 연결되지 않고 산다는 의미가 아니라 연결될 필요가 없거나 연결되어서는 안 되는 인연을 끊어낸다는 의미다.

사람들은 관계를 강요하는 데에서 나아가 관계를 위태롭게 하는 사람들, 가령 자신과 가치관이 다르거나 생산성이 낮은 사람들을 관계에서 배제하려는 경향이 있다. 또한 상대방을 외부와 단절된 폐쇄적인 관계에 묶어두려는 사람도 있다. 이런 관계는 '거짓 관계'일 뿐이다.

이 책에서 나는 이 '거짓 관계'가 무엇인지 밝히고, 이어서 그것을 어떻게 '진정한 관계'로 만들 수 있는지 알아보려 한다. 그리고 마지막으로 진정으로 연결되고 싶은 사람과의 관계에 대해 생각해보고자 한다.

어쩔 수 없이 관계를 맺어야 한다면

혼자 살 수 있는 사람은 없다

————

사람은 혼자서는 살 수 없다. 설령 혼자 살더라도 타인의 도움 없이는 살아갈 수 없다.

사람과 연결된다는 것은 그저 다른 사람과 함께 있다는 의미가 아니다. 주위에 아무도 없어도 사람과 연결되어 있다고 느낄 수도 있고, 누군가와 함께 있어도 연결되어 있다고 느끼지 못할 수도 있다.

독일어로 '미트멘셴*Mitmenschen*'이라는 말이 있다. 여기서 '미트*Mit*'는 영어로 말하면 '함께'라는 뜻인 '위드*with*'이고, '멘셴*Menschen*'은 '사람들'이다. 그래서 미트멘셴은 '사람과 사람이 연결되어 있다'라는 의미가 된다.

미트멘셴의 반대말은 '게겐멘셴*Gegenmenschen*'이다. 이 말은 사람과 사람이 '대립하다', '적대하다'라는 뜻이다. 미트멘셴과 게겐멘셴을 대비해보면, 미트멘셴은 단순히 연결되어 있을 뿐 아니라 '가까운' 또는 '친한'이라는 뜻을 내포함을 알 수 있다. 그래서 나는 '미트멘셴*Mitmenschen*'을 '친구'로, '게겐멘셴*Gegenmenschen*'을 '적'으로 번역한 바 있다.

아들러가 창시한 개인심리학의 핵심 개념으로 '공동체 감각'이 있다. 이를 직역한 말이 '게마인샤프츠게퓔*Gemeinschaftsgefühl*'인데, 이와는 별개로 앞에서 언급한 '미트멘셴'에서 파생한 '미트멘슐리히카이트*Mitmenschlichkeit*'라는 단어도 공동체 감각을 뜻한다.

아들러는 타인과 연결되어 있고 필요할 때 도움을 주는 친구와 같은 관계가 사람과 사람 사이의 본래 모습이라고 여겼다. 이것은 비단 사람이 살아가려면 타인의 도움이 필요하다는 의미만은 아니다.

신학자 야기 세이이치八木誠一는 타인과 맺는 관계를 '프런트*front* (면)'라는 말로 설명했다.[1] 사람의 모습은 사각형으로 표현했는데, 이 사각형의 네 변(면) 중 한 변은 실선이 아닌 점선으로 되어 있으며 이 점선 부분이 타인에게 열려 있고, 그곳에서 사람은 타인과 접한다. '나'는 타인 없이는 살아갈 수 없다는 뜻이다.

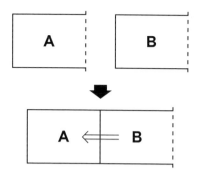

인간은 타인과 '프런트(면)'로 접한다.

타인이 있어야 내가 완성된다

위 그림처럼 사람은 타인과 '프런트(면)'로 접해 있다. 타인에게 열려 있는 면은 실선이 아닌 점선이라서 다른 사람의 프런트와 접해야 이 점선의 열린 곳을 채울 수 있다. '나'의 점선을 채워주어 나를 살게 하는 타자도 다른 타인과 접함으로써 살게 된다.

이처럼 사람은 자신만으로 완결되지도, 완전하지도 않다. 타인이 자신의 프런트를 채워주어야 하며, 그런 의미에서 타인과 연결되어 있다고 보는 것이다.

이렇게 연결되어 있다 보니, 산 사람과의 이별만이 아니라 주변 사람이 죽었을 때, 특히 가족이나 친구처럼 가까운 사람이 죽었을 때 우리는 강한 상실감을 느낀다. 이러한 슬픔이 좀처럼 치유되지 않는 까닭은 자신의 점선 부분을 채워주던 사람이 사라지고 아무도 그 점선을 채우지 못하기 때문이다.

한편 이렇게 생각하지 않고 타인을 '적'으로 보는 사람이 있다. 그런 사람도 처음부터 그러지는 않았을 것이다. 자신을 도와줄 '친구'라고 믿었던 사람이 자신에게 상처를 주고 넘어뜨리려는 '적'이라 여기게 된 계기가 있었음이 분명하다. 하지만 아들러는 사람과 사람은 적대적이지 않으며 연결되어 있다고 믿었다.

알프레드 아들러는 이 공동체 감각이라는 개념을 제1차 세계대전에 의사로 종군했을 때 생각해냈다. 전쟁터에서는 사람과 사람이 서로 죽이며 적을 죽이지 않으면 자신이 죽는다. 그런 상황에 놓인 사람은 마음의 병을 앓을 수밖에 없다. 아들러는 전쟁신경증에 걸린 병사를 치료했다.

이렇듯 아들러는 전쟁터에서 사람과 사람이 서로 죽이는 현실을 목도했지만 여전히 반목하지 않고 연결되어 있는 것이 본연의 모습이라고 생각했다.

아들러는 군 복무 기간 중 휴가를 나와 빈에 위치한 카페 센트럴에서 친구들에게 공동체 감각이라는 개념을 처음 언급했다. '미트멘셴*Mitmenschen*'은 '이웃 사람*Nächster, Nebenmenschen*'과 거의 같은 뜻의 단어라서, 아들러의 공동체 감각은 예수가 설파했던 이웃 사랑, 원수도 사랑하라는 사상에 가깝다고 볼 수 있다. 그 자리에서 아들러의 친구들은 '마치 선교사가 말하는 듯한 생각'[2]을 듣고는 '종교적인 과학'[3]을 인정할 수 없다며 아들러 곁을 떠났다.

아들러와 같은 전쟁을 겪은 지그문트 프로이트*Sigmund Freud*는 '죽음의 본능'을 제창했는데, 자기 파괴 충동인 이 본능은 밖으로 향하면 공격성으로 표출된다고 보았다. 프로이트는 이 공격성을 "인간이 타인을 공격하는 타고난 경향"이라고 설명했다.[4] 그는 적을 사랑하라는 명령이 "인간의 공격성을 가장 강하게 거부하는 것"[5]이라며 "네 이웃이 너를 사랑하는 것처럼 네 이웃을 사랑하라"라면 이의가 없지만, 낯선 사람은 사랑할 가치가 있기는커녕 적의를, 심지어 증오를 불러일으킨다고 말했다. 더불어 프로이트는 이웃 사랑은 '이상명령理想命令'이며 인간의 본성에 위배된다고 보았다.[6] 그런데 예수나 아들러처럼 타인을 이웃, 동료로 보는 것이 과연 '인간의 본성에 위배된다'고 할 수 있을까?

인간을 인간으로 대하지 않을 때

───────

병사들이 전장에서 마음의 병을 앓는 이유는 자신이 죽임을 당할지 모른다는 두려움 때문만이 아니라 적국의 병사에게 방아쇠를 당겨야 하기 때문이기도 하다.

제1차 세계대전 당시, 전쟁터에서 적과 대면한 군인들은 자신이 먼저 쏘지 않으면 상대에게 총을 맞아 죽는 상황이었지만 실제로 방아쇠를 당긴 사람은 많지 않았다. 적과 마주한 바로 그 순간 '양심적 병역 거부자'가 된 셈이다.[7]

하지만 그렇게 해서는 적과 싸울 수 없으므로 이후의 전쟁에서는 반사형 게임 방식(자신의 의지와 무관하게, 자극이 오면 특정 반응을 기계적으로 일으키는 방식—옮긴이)이 도입되었다. 이 게임을 이용한 훈련은 극적 효과를 가져왔다. 군인들은 자신이 쏜 총에 맞아 고통스러워하는 적의 얼굴을 떠올리기도 전에 반사적으로 방아쇠를 당길 수 있게 되면서 그 순간만큼은 양심의 가책을 느끼지 않게 됐다.

그렇다면 적을 맞대면하는 지상전과는 달리 비행기에서 폭탄을 투하하거나 미사일을 발사하는 군인들은 자신이 죽이는 사람의 얼굴을 떠올리지 않을 수 있지 않을까? 아니, 그렇지 않다. 훈련을 통해 반사적으로 무의식중에 폭탄을 투하하거나 미사일을 발사할 수 있게 됐어도 자신이 살상한 사람의 얼굴이, 죽는 모습이 떠올라 많은 군인이 전쟁이 끝나고도 오랫동안 고통을 겪었다.

소설가 이케자와 나쓰키池澤夏樹는 이라크 전쟁에 대해 다음과 같이 말했다.

> 미국의 입장에서 이 전쟁을 보면, 미사일이 맞는 것은 건물 3347HG나 교량 4490BB 같은 추상적인 기호들이지, 밀리암이란 이름의 젊은 엄마가 아니다. 하지만 죽은 건 그녀였다. 밀리암과 그의 세 아이들, 그녀의 사촌인 젊은 병사 유세프이며 그의 아버지인 농부 압둘이었다.[8]

미사일을 발사하기 위해서는 얼굴을 보면 안 된다. 미사일을 쏘는 행위가 사람들의 생명을 빼앗는 일이 아니라 물건을 파괴하는 일과 같다고 생각해야 한다. 앞에서 나는 사람과 사람이 적대하지 않고 이어져 있는 것이 인간 본연의 모습이라고 했다. 전쟁터에서 이렇게까지 세뇌하고 훈련하지 않으면 사람과 사람이 서로 적대하지 못하는 모습, 이것이 바로 그 증거다.

우리는 왜 낯선 사람을 돕는가

앞서 전쟁터에서의 사례를 통해 사람과 사람이 연결되어 있는 것이 인간 본연의 모습임을 보았다. 일상생활에서도 그런 모습이 드러나는 상황이 있다. 예를 들어 전철 안에서 누군가

제1장 어쩔 수 없이 관계를 맺어야 한다면

도움을 청하는 상황이라면 주변 사람들은 그가 누구든 간에 도와주려고 할 것이다. 철학자 와쓰지 데쓰로和辻哲郎는 이렇게 말했다. "인간은 다른 사람들을 처음부터 도와줄 사람으로 믿고 있어서 부르는 것이다."**9**

도와달라고 하는 사람을 봐도 돕지 않거나 무관심한 사람도 있겠지만 대다수 사람은 돕고 싶어 한다. 사정상 도와줄 수 없는 사람은 있지만 말이다.

도움을 청하는 사람은 타인을 도움의 손길을 건네줄 사람으로 믿고 손을 내민다. 말하자면 도움을 청하는 목소리를 듣는 것은 신뢰의 목소리를 듣는 것과 같다.

이러한 신뢰는 생명이 위급한 상황에서만 나타나는 것이 아니다. 예컨대 길을 잃었을 때는 낯선 사람일지라도 지나가는 이에게 길을 물을 것이다.

> 그 사람이 어떤 사람인지, 어떤 마음가짐을 지녔는지 전혀 모르는 경우에도 그는 이 사람이 자신을 속이지 않고 자기를 혼란에서 구해줄 것이라고 굳게 믿는 것이다.**10**

파리에 처음 갔을 때 나는 샤를 드골 공항에서 파리 시내까지 어떻게 가면 되느냐는 행인의 질문을 받았다. 다행히도 여행 전에 공부해둬서 알려줄 수 있었지만, 제대로 알지 못하는 걸 말했다가는 잘못된 정보를 줄 수도 있는 상황이었다. 그런데도 나에게 물어본 사람은 누군가에게 물어보면 알 수 있을 거라고 굳게 믿고 있었다.

개중에는 길을 물었을 때 심술궂게 일부러 거짓말로 알려주는 사람이 있을지도 모른다. "하지만 그건 당연히 상대에게 기대했던 친절한 태도가 결여된 경우에 지나지 않으며 위와 같은 신뢰를 무너뜨릴 수는 없다."[11]

물론 그건 예외적인 경우로, 길을 물을 때는 누구나 상대방이 알고 있는 정보를 가르쳐줄 거라고 믿는다. 모르면 당연히 모른다고 대답할 것이다. 고의로 잘못된 길을 가르쳐주는 사람이 절대 없을 거라고 단언할 수는 없어도 그런 사람이 많지는 않을 터다.

길을 물어보는 사람도 한번 거짓말로 잘못된 정보를 들었다 해도 헷갈리는 순간이 오면 다시 길을 물을 것이다. 그러므로 가르쳐준 사람이 실수로 잘못 알려주는 경우는 있어도, 악의적으로 거짓말을 하는 사람은 없다고 할 수 있다.

이런 신뢰는 특별한 것이 아닌 보편적인 것이다. 우리는 전철에서 같은 차량에 탄 다른 승객이 남에게 해를 가할 거라고 여기지 않는다. 그런 생각을 하면 전철을 탈 수 없다. 보통은 다른 승객에게 말을 거는 일도 없이 휴대전화나 창밖을 보며 시간을 보낸다. 출퇴근 시간대 만원 전철 안에서는 서로 간의 거

제1장 어쩔 수 없이 관계를 맺어야 한다면

리가 꽤 가까운 탓에 옆 사람에게 관심이 없음을 짐짓 보여줘야 할 때도 있다.

하지만 뭔가 긴급한 상황이 생기면 달라진다. 상대가 누구든 도울 것이고 그런 순간에는 생판 모르는 사람 사이에서도 서로 연결되어 있다는 것을 강하게 느낀다. 누군가 도움을 청할 때 도와주고, 모르는 길을 물어볼 때 알려주는 것, 그것이 바로 신뢰다. 타인을 틈만 나면 자신을 넘어뜨리려고 기회를 노리는 적으로 여기고 불신하면 세상을 살아가기 어렵다.

우리가 도움을 요청하는 사람에게 손길을 건네는 이유는 타인에게 일어난 일을 자신에게 일어난 일처럼 느끼기 때문이다.

타인에게 무관심한 사람

하지만 그렇게 느끼지 않는 사람이 있는 것도 사실이다. 아들러가 다음과 같은 사례를 들었다.

젊은 남자가 동료 몇 명과 함께 배를 타고 바다로 나갔다. 그런데 동료 중 한 명이 선상 끝에서 몸을 내밀다가 균형을 잃고 바다로 떨어지고 말았다. 그러자 젊은 남자는 바다 쪽으로 몸을 숙인 채 동료가 겁에 질려 허우적거리다 가라앉는 모습을 신기한 듯이 바라보았다. 나중에 젊은 남자는 그 순간 자신이 호기심 말고는 아무 감정도 느끼지 않았음을 깨달았다.

아들러는 동료가 바다에 가라앉는데도 가만히 지켜보고 있는 이 젊은이에게는 공동체 감각이 없는 것과 다름없다고 말한다.

> 그가 그 자신의 인생에서 누구에게도 나쁜 짓을 한 적이 없고, 이따금씩 남과 잘 지낸다는 말을 듣는다 해도, 우리가 이로 인해 그의 공동체 감각이 보잘 것 없다는 사실에 속는 일은 없어야 한다.[12]

여기서 아들러가 '공동체 감각이 보잘 것 없다'고 말한 이유는 동료가 겁에 질려 있는데도 젊은 남자가 도움을 주려는 어떤 행동도 하지 않고 그저 보고만 있었기 때문이다. 이는 그가 동료와 연결되어 있지 않았다는 뜻이다.

공동체 감각이 사람과 사람이 연결되어 있다는 의미의 용어임을 앞에서 이미 언급했다. 그렇다면 이 남성은 왜 동료와 연결되어 있지 않은 걸까? 바로 자신에게만 관심이 있기 때문이다. 동료의 신변에 무슨 일이 일어나든 그것이 자신과 관계가 있다고 생각하지 않는다.

그래서 동료가 바다에 빠진 걸 보고도 전혀 도와주려고 하지 않았다. 보통은 어떻게든 도우려고 하건만 이렇게 구경만

제1장 어쩔 수 없이 관계를 맺어야 한다면

하는 모습이 몹시 예사롭지 않아 보인다.

아들러가 말한 공동체 감각을 영어로는 '소셜 인터레스트 *social interest*'라고 한다. 직역하면 '사회적 관심'이라는 뜻이지만 '자기 자신을 향한 관심*self interest*'과 대비해 '타인을 향한 관심'이라고도 할 수 있다. 아들러는 '자신을 향한 집착*Ichgebundenheit*'이 개인심리학의 핵심 공략점이라고 말했다.[13] 이는 모든 것을 자신과 연결한다*binden*는 뜻이다.

눈앞의 동료가 겁에 질려 있어도 관심이 없어 그저 보고만 있는 사람은 평소에도 자신이 타인과 연결되어 있다고 느끼지 못한다. 이처럼 타인과 연결되어 있지 않은 모습, 그리고 타인에게 무관심한 모습이 인간 본래의 모습이 아니라는 점은 전철에서 도움을 요청하는 사람을 대하는 태도만 봐도 알 수 있다.

하지만 그런 돌발 상황에서 남을 도우려는 사람 중에서도 평소에는 자신에게만 관심을 두는 사람이 많다. 그래서 아들러는 '자신을 향한 집착'을 문제 삼았던 것이다. 사람들이 서로 연결된 것이 본래의 모습인데 왜 이토록 자신에게만 관심 있는 사람이 많은 걸까? 다음 장에서 살펴보도록 하자.

의존적인 사람의 특징

누구나 타인에게 의존하며 살아간다

———

앞서도 말했듯 사람과 사람은 연결된 것이 본래 모습이다. 적대하는 것도, 무관심한 것도 인간 본연의 모습이 아니다. 하지만 연결되어 있다고 해서 다 좋은 것은 아니다.

타인과 연결되어 있다고 느끼는 사람은 혼자 있어도 외로움을 느끼지 않는다. 그러나 타인과 가까이 있건 멀리 있건 서로 연결되어 있다고 느끼지 못하는 사람은 타인에게 의존해 연결된 느낌을 받으려고 한다.

아이는 엄마 배 속에 있을 때 엄마와 한 몸이라서 엄마가 자신과 다른 인격체라고 여기지 않았을 것이다. 태어나서도 부모의 도움이 없으면 살아갈 수 없다. 그러나 시간이 지날수록 혼자 할 수 있는 일이 늘어난다. 그런데 나이가 들어도 그 사실을 받아들이지 못하는 사람들이 있다.

부모들 중에는 아이가 혼자 할 수 있게끔 이것저것 시키기를 꺼리는 이들도 많다. 실패를 겪게 하고 싶지 않고, 부모 자신이 하는 편이 빠르다고 생각하기 때문이다. 그러나 사실은 아이가 자기 손을 떠나는 게 두려워서 그러는 것이다. 이런 부모는 자녀를 계속 응석받이로 키운다. 아이 역시 부모의 도움을 거절하지 않으면 계속 응석받이로 살게 된다.

그렇다면 왜 부모에게 의존하는 것을 멈추지 못할까? 혼자 하는 것보다 남에게 의지하는 쪽이 편해서 그렇다. 또한 스스로 생각하지 않고 부모를 따르면 문제가 생겼을 때 책임을 지지 않아도 된다고 여기기 때문이다. 자기 혼자 결정하면 그 결정에는 책임이 따른다. 일이 잘못되어도 누굴 탓할 수 없다. 이런 사태를 피하고 싶은 사람은 자기 인생인데도 스스로 결정하지 않고 부모에게 맡겨, 자신의 인생을 살지 못하고 부모의 인생을 살게 된다.

올바른 판단을 내리기 어려운 경우

———

나는 학생 시절 어머니가 뇌경색으로 입원하는 바람에 병간호를 위해 병원에서 오래 지낸 적이 있다. 줄곧 병상만 지키고 있으면 지치기 십상이라 나는 어머니의 상태가 안정돼 있을 때면 틈틈이 병원 안을 돌아다녔다.

그렇게 돌아다니다 보면 모르는 사람이 종종 말을 걸어왔다. 다른 입원 환자의 가족인 줄 알았는데 종교를 권유하려고 병원에 들어온 사람들이었다. 그들은 집에서 마시는 물이 안 좋다고 말하기도 하고 기도를 하면 낫는다고도 했는데, 병이 빨리 낫길 바라는 환자나 가족 입장에서는 그런 이야기를 곧이곧대로 믿을 만도 하다는 생각이 들었다.

그 무렵 누군가 우리 아버지에게 말하길, 집 창고에 버려진 단지가 있을 테니 그걸 찾아서 깨끗이 씻으면 어머니의 병이 나을 거라고 했다. 그 말에 아버지가 회사에 휴가를 내고 창고 대청소를 했더니 정말로 단지가 나왔다. 아버지는 흥분해서 말했지만, 나는 오래된 집이라면 단지 정도는 다 있지 않나 싶었다. 물론 아버지에게는 아무 말 하지 않았지만, 단지를 깨끗이 씻으면 어머니의 병이 나을 거란 말을 아버지가 진짜로 믿을까 봐 내심 걱정했다.

어머니가 돌아가신 뒤, 어떤 사람이 내게 이름을 바꾸는 게 좋겠다고 했다. 이름을 바꾸지 않으면 어떻게 되느냐고 물었더니 '불행해질 것'이라는 대답이 돌아왔다. 그 사람은 어머니의 절친한 친구였는데 나는 그 말을 따르지 않았다. 그 후 그 사람 눈에는 내가 불행해 보였을지도 모르지만, 설령 불행해졌다고

제2장 의존적인 사람의 특징

해도 그게 이름을 바꾸지 않은 탓은 아니다.

사람들은 가족의 일로 시달리고 고통받을 때, 누군가 다가와 다정하게 대해주면 그 사람을 가족 이상으로 신뢰하곤 한다. 그 사람의 권유로 고가의 상품을 사기도 한다. 본인이나 가족이 힘든 상태에서는 옳고 그름을 냉정하게 판단하기 어렵다.

나의 아버지는 말년에 어느 종교를 믿기 시작했다. 부모의 신앙을 자식이 막을 수는 없는 노릇이지만 아버지가 나에게도 믿으라고 권해서 퍽 난감했다. 이런 경우 다른 사람이 권했다면 쉽게 거절할 수 있고, 거절했다 관계가 나빠져도 별문제가 없다.

하지만 부모의 권유라면 거절하지 못하는 사람도 있을 것이다. 태어나면서부터 부모를 따라 사이비 종교나 신흥 종교를 믿는 사람들 중에는 어릴 적엔 제대로 판단하지 못하다가 나중에 커서 교리에 의문을 품고 떠나는 사람도 있다. 다만 이때 부모가 강하게 만류하면 의구심을 떨치지 못하면서도 계속 매여 있기도 한다.

"당신 잘못이 아니다"라고 말하는 사람을 경계할 것

————

의사와 환자의 관계에서도 환자가 의사에게 의존하는 경우가 있다. 아들러는 이렇게 말했다.

> 환자를 의사에게 의존하고 책임지지 않는 입장에 둬서는
> 안 된다.[14]

여기서 '의존하는 입장에 둔다'라는 부분이 문제라 할 수 있
는데, 의사가 환자를 일부러 의존하게 만들지 않아도 환자 입
장에서는 몸에 이상을 느끼고 불안한 마음으로 의사 앞에 앉아
있으면 자연히 의사에게 의존하게 마련이다. 지금은 의사를 절
대적 권위의 존재로 여기는 환자가 많지 않지만, 전문가로서의
의사에게 의존하는 환자는 여전히 많다.

심리상담 자리에서도 그렇다. 상담사가 자신을 이해해준다
는 생각에 상담사에게 의존하는 내담자들이 있다. 처음에는 거
부감을 갖던 내담자도 "본인이 모르고 있는 것뿐이에요"라는
말을 들으면 상담사를 권위자로 느껴서 의존하게 된다.

다음으로 '책임지지 않는 입장에 둔다'는 말은 이를테면 생
활고를 겪는 사람에게 상담사가 "당신 잘못이 아니에요"라고
말하는 것이다.

어릴 때 부모에게 받은 교육의 영향력이 커서 부모가 지금
자신의 인생을 결정했다고 생각하는 사람도 있다. 또한 과거의
경험이 트라우마로 작용한다고 믿는 사람도 많다. 자신의 의지

제2장 의존적인 사람의 특징

와 상관없이 강요당했던 경험이 삶에 큰 영향을 미치는 건 사실이다. 하지만 상담사가 오로지 부모의 교육이나 과거의 경험에서 현재의 삶이 힘들어진 원인을 찾고, 자녀 자신에게는 책임이 없다고 말하면 어떻게 될까? 내담자는 내 잘못이 아니라고 안도할 수도 있겠지만 이것은 내담자를 '책임지지 않는 입장에 두는' 것이다. 해결하기 어려운 문제도 있으나, 다른 사람에게 책임을 전가한다고 해서 문제가 해결되는 것은 아니며 내담자는 자신에게 책임이 없다고 말해주는 상담사에게 의존하게 된다.

자신의 몸과 마음에 대해서 전문가의 조언을 받는 건 필요하다. 그러나 그 조언을 따를지 말지는 스스로 결정하는 것이다. 그런데도 남이 자신의 삶을 결정하게 하는 까닭은 스스로 결정해서 일어나는 일에 대한 책임을 피하고 싶기 때문이다.

자신의 몸과 마음에 대해 스스로 결정하지 않고 타인에게 맡긴다고 해서 그 사람이 자신의 인생을 대신 살아주는 것은 아니다. 자신의 인생은 스스로 책임져야 한다.

혼나야 잘된다는 거짓말

———

양육자에게 야단맞으며 자란 사람도 의존적으로 되기 쉽다.

아주 어린 아이가 아니라면 우리는 대부분 자신이 한 행동의 의미를 알고 있다. 즉 어떤 행동을 하면 부모에게 야단맞는지를 아는 것이다. 직장에서 상사에게 꾸중 듣는 부하 직원도 마찬가지다. 꾸중 들을 줄 알면서도 그러는 이유는 야단맞더라도 주목을 받고 싶기 때문이다. 야단을 맞고 싶어 하는 사람은 없다. 아이라면 적절한 행동을 하고 부하 직원이라면 일을 제대로 해내면 되는 걸 알지만, 그렇게 해서는 인정받을 수 없다고 생각하기에 야단맞을 짓을 하는 것이다. 부모는 아이가 적절하게 행동하면 당연하다 여기고 별말을 하지 않는다. 상사도 부하 직원이 일을 잘하면 당연히 여겨 주목하지 않는다. 그런데 일을 할 때, 본인이 무능력하다고 느끼고 상사가 기대하는 성과를 내는 걸로는 인정받기 어렵다고 느끼면 꾸지람이라도 들어서 인정받으려고 한다. 아이나 부하 직원이 그럴 경우 부모나 상사에게 의존하는 것이라 할 수 있다.

의존하는 이유는 주목받기 위해서만이 아니다. 스스로 판단해서 잘못하고, 그로 인해 야단을 맞으면 머지않아 스스로 판단해서 행동하기보다 아무 생각도 하지 않고 주어진 일만 하려든다. 이것 역시 의존이다.

야단칠 때 생기는 심리적 거리도 문제다. 야단을 맞으면 야단친 사람과의 심리적 거리는 멀어진다. 아들러는 분노를 가리켜 '분리 감정*trennender Affekt, disjunctive feeling*'이라고 했다.[15] '사람과 사람을 갈라놓는 감정'이란 뜻이다. 야단치는 것과 화내는 것은 다르다고 말하는 사람도 있지만, 야단칠 때 분노를 느끼지 않는 사람은 없을 것이다.

부모나 상사라도 관계가 가깝다고 생각하면 이상한 생각이나 말도 입 밖에 꺼내기 쉽지만, 다짜고짜 야단치는 사람과의 관계가 멀다면 말해도 소용없다고 생각하고 아무 말도 하지 않는다. 이렇게 스스로는 아무것도 판단하지 않고 판단을 전부 타인에게 맡기면 그 결과 의존성을 띠게 된다.

그런 사람들의 부모나 상사는 그 사람에게 지금까지 저지른 잘못만이 아니라 '언제나' 잘못만 한다고 말한다. 듣는 사람의 입장에서는 방금 저지른 잘못에 관해서라면 꾸지람을 감수할 수 있어도, 늘 잘못만 한다는 말을 들으면 자신에게 능력이 있다고 생각하기 어렵다.

아들러는 "자신에게 가치가 있다는 생각이 들 때 비로소 용기를 낼 수 있다"고 말했다. 이 말을 일에 적용하면 '자신에게 가치가 있다'는 것은 자신에게 능력이 있다는 뜻이고, '용기'란 일을 하려는 용기를 말한다. 때로 잘못하거나 실패하기는 해도 자신에게 능력이 있다고 생각하면 스스로 생각해서 일을 하려고 하지만, 야단만 맞는다면 자신은 가치가 없다고, 즉 능력이 없다고 여겨 일에 적극적으로 임하지 않는다. 무슨 일을 해도 야단만 맞는다면 스스로는 생각하지 않고 지시받은 일만 하게 되는 건 당연지사다.

그런데도 "그때 혼나서 다행이야"라고 말하는 사람이 있다. 야단을 맞아서 나는 성장했고 그래서 지금의 내가 있다고 말하는 사람도 있다. 야단맞고 심하게 마음고생을 해놓고도 나중에 성공했을 때 전에 당했던 일을 잊어버리거나, 야단을 맞은 것도 자신의 성장에 밑거름이 됐다며 과거를 미화한다. 그저 윗사람이 시키는 대로 한 것뿐인데 말이다.

스포츠 분야에서도 갑질이라고 할 만한 지도를 받고 굴욕적인 일을 당해도 좋은 결과만 낼 수 있다면 괜찮다는 사람이 있다. 실제로 좋은 결과를 내면 코치는 자신의 지도가 틀리지 않았다고 생각하지, 꾸짖지 않았더라면 더 좋은 결과를 낼 수 있었을지도 모른다고는 조금도 생각하지 않는다. 그런 갑질에 가까운 지도를 받고도 좋은 결과를 내고 싶은 선수는 코치에게 의존하게 된다.

온종일 야단치는 부모 밑에서 자란 사람에게 당신의 부모가 너무 심하다고 말하면, 그래도 부모님에게 좋은 점이 있다고 옹호하기도 한다. 왜 그럴까? 근본적으로 분노의 감정은 사람과 사람을 갈라놓는데 왜 이런 일이 생길까? 첫째, 야단맞고 싶지는 않지만 스스로 결정하고 책임지는 걸 회피하고 싶기 때문이다. 둘째, 야단을 맞더라도 주목받고 싶다는 굴절된 인정욕구가 있기 때문이다.

제2장 의존적인 사람의 특징

칭찬도 의존적인 관계를 만든다

───────

정신과 의사 로널드 랭*R.D.Laing*은 자녀가 학교 수업을 마치고 교문 밖으로 나오기를 기다리는 부모의 상황을 예로 들어 '속성 부여'에 대해 설명했다.[16]

'속성*attribution*'이란 '사물이 지닌 특징·성질'을 의미한다. 예컨대 '그 꽃은 아름답다'라고 할 때 '아름답다'가 속성(꽃에 속하는 성질)이다. 그 속성을 물건이나 사람에게 주는 것을 '속성화' 혹은 '속성 부여'라고 한다.

엄마는 수업을 마친 아이가 교문에서 나오면 자신을 발견하고 달려와서 안길 거라 생각한다. 그런데 아이는 팔을 벌려 안으려고 하는 엄마를 보면서도 안기지 않고 약간 떨어져 서 있다(물론 힘껏 뛰어와 품에 안기는 아이도 많겠지만 이 사례에서는 그렇다는 것이다). 엄마는 아이에게 "넌 엄마를 좋아하지 않니?"라고 묻는다. 그러자 아이는 "좋아하지 않아"라고 대답한다.

이때 엄마는 아이에게 "그래도 난 네가 나를 좋아한다는 걸 알아"라고 말한다. 이것이 속성 부여다. 즉 부모는 아이가 좋아하지 않는다고 말해도 '그렇지 않다, 넌 나를 좋아할 거다, 넌 순종해야 한다, 부모에게 대들거나 반항하는 아이가 아니다'라는 속성을 아이에게 부여한다.

이게 왜 문제인가. 약한 입장에 있는 사람, 가령 아이에게는 부모의 속성 부여가 사실상 명령이 되기 때문이다. 아이는 어른(부모)이 자신에게 부여하는 속성을 부인할 수가 없다.

네가 사실 날 좋아한다는 걸 알고 있다고 부모가 말했을 때, 아이가 그럴지도 모른다고 생각하면 부모의 속성 부여는 '나를 좋아해라'라는 명령이 된다. 사실은 부모를 좋아하지 않을지도 모르는데도 그 마음을 봉인한다. 이렇게 부모가 아이에게 부여하는 속성이 아이를 의존적으로 만든다.

아이 자신이 어른의 기대에 부응해야 한다고 생각하기도 한다. 나는 어린 시절 할아버지에게 "너는 머리가 좋은 아이야"라는 말을 듣고 자랐다. "너는 머리가 좋은 아이야"라는 말은 단순히 아이에게 속성 부여를 하는 데서 끝나지 않고 "너는 머리가 좋은 아이니까 공부해라", "공부해서 좋은 성적을 받아 부모를 기쁘게 해라"라는 명령이 된다. 머리가 좋은 아이라는 할아버지의 칭찬을 들었을 땐 분명 기뻤지만, 나중에는 그 말이 부담스러웠다. 처음으로 성적표를 받은 초등학생 때는 산수 점수가 좋지 않게 나오자 이래서는 할아버지의 기대에 부응할 수 없다고 생각했다.

로널드 랭은 "어떤 사람에게 주어지는 속성이 그 사람을 한정 짓고 특정한 경지에 가둬놓는다"라고 했다.[17] 속성 부여를 명령이라고 말하는 이유를 앞의 예로 보자면, 아이는 어떻게 자라든 상관없건만 할아버지(부모)에 의해 좋은 성적을 받을 수 있는 아이라고 한정되기 때문이다.

자폐 스펙트럼 장애가 있는 변호사가 주인공인 드라마(한국 드라마 〈이상한 변호사 우영우〉를 말하는 듯하다―옮긴이)를 본 적이 있다. 그 드라마에서 주인공 변호사는 "장애가 있으면, 좋아하는 마음만으로는 충분하지 않은 것 같다"라고 말한다. 이 변호사는 사람을 사랑한다는 것이 어떤 것인지 잘 이해하지 못한다. 다른 사람이 해주는 말을 듣거나 책을 읽고 사랑을 이해했다고 생각하지만, 자신이 직접 경험하고 나서는 그 감정이 사랑인지 혼란스럽다. 자신이 좋아하면 그걸로 충분하다고 생각하고 싶은데, 주변 사람들은 그녀가 느끼는 감정을 사랑이라고 인정하지 않는다. 그리고 장애 때문에 다른 사람을 사랑할 수 없다고 단정하듯이 말해서 그녀를 당혹시킨다.

속성 부여에 반발하지 않고 거기에 자신을 맞춰버리면, 속성을 부여하는 사람에게 의존하며 살게 된다.

앞에서 야단을 맞으면 의존하게 된다고 했는데 칭찬도 사람을 의존적으로 만든다. 사람들은 보통 이렇게 생각한다. 칭찬을 받으면 기쁠 거라고, 자신감을 주고 의욕을 내게 하려면 칭찬해야 한다고, 상대를 칭찬해서 성장시키는 게 중요하다고 말이다. 그런데 칭찬은 위에 있는 사람이 아랫사람에게 내리는 평가이기도 하다. 부하 직원이 상사를 칭찬하진 않는다. 인간관계에서 아래 위치에 놓이는 게 좋을 리 없건만, 꼭 하인이나 부하처럼 아랫사람이 되어 자신을 칭찬하는 사람에게 의존하는 사람이 있다.

실제보다 과한 평가를 받았을 때, 그 평가 즉 칭찬을 해준 사람의 기대에 부응해야 한다고 생각하지만 실제로는 그게 불가능하다고 여기는 사람에게는 칭찬받는 것 자체가 부담이 된다. 그 결과, 기대에 부응하지 못해서 인정받기 어렵겠다는 생각이 들면 자신감을 잃는다. 이처럼 칭찬도 속성화이자 명령으로 작용한다.

노력해서 끊어내야 하는 관계

속성 부여뿐만 아니라 부모가 아이에게 무언가를 명령했을 때 아이가 부모에게 반발하지 않으면 '거짓 관계*false conjunction*'가 형성된다. 아이가 부모에게 반발하지 않으면 언뜻 보기에는 좋은 관계가 형성된 것 같지만, 아이는 부모에게 의존하고 있을 뿐, 자신의 생각이 없거나 생각이 있어도 부모에게 복종한다.

아이가 어릴 때는 부모의 보호가 없으면 살아갈 수 없지만 머지않아 아이는 자립한다. 그런데 이 '진정한 배반*real disjunction*'

제2장 의존적인 사람의 특징

을 인정하려 하지 않는 부모는 아이와의 관계를 자신에게 유리하게 해석하고 아이를 자기 곁에 두려고 한다. 아이가 부모를 좋아하지 않는다고 말해도 사실은 좋아한다고 해석하는 것이다.

아이가 부모에게서 떨어지려 하지 않는다 해도 본래 부모와 아이는 독립된 인격이자 분리된 존재다. 그런데 속성 부여를 해서 '거짓 관계'를 만들고 부모와 아이 사이에 거리가 없는 것처럼 보이게 한다.

부모 자식 관계에 분란을 일으키고 싶지 않다는 이유로 부모에게 복종하는 사람도 있다. 그런 사람은 자기가 좋아하는 사람과 결혼해도 부모가 반대하고 축복해주지 않으면 의미가 없다며 좋아하는 사람보다 부모를 선택하기도 한다.

자녀는 스스로 자립해야 하지만, 그러기 위해서는 의도적 결단이 필요하다. 나중에 보겠지만 거짓 관계를 끊어내야 한다.

하고 싶은 말을 하지 않는 사람

───────

상사에게 복종하지 않으면 상사만이 아니라 동료에게도 좋은 평가를 받기 어렵다. 그렇게 될까 봐 두려운 사람은 상사의 말에 납득이 가지 않아도 거역하지 못한다. 이의를 제기하지 않으면 공동체의 화합과 질서는 유지된다. 이것도 거짓 관계일 뿐이다. 상사나 동료에게 잘 보이고 싶은 사람이 이 거짓 관계에 몸을 맡긴다.

공동체에 소속되어 있고 공동체 안에 자신의 자리가 있다고 느끼려는 건 인간의 기본 욕구이지만 소속 방식은 사람마다 다르다. 부모 말을 거역하지 않으며 다수의 편에 서는 방식으로 가정이나 직장 공동체에 소속되려는 사람이 있다. 그런 사람은 하고 싶은 말이 있어도 하지 않는다. 공동체에 소속되지 않으면 불안을 느끼는 만큼, 풍파를 일으켜 거기에서 떨어져 나올까 봐 두렵기 때문이다.

하지만 소속감이란 무조건 큰 공동체에 소속된다고 생기는 게 아니다. 안정감을 느끼고 싶어서 공동체에 소속되어 있으려는 사람은 공동체에 의존하게 된다.

의존적인 사람은 공동체에서 관계 맺기를 요구해오면 쉽게 응한다. 관계 맺기를 강요한다는 것을 알 때는 그나마 안전하다. 강요에 저항하기는 어렵지만 강요하는 사람이 누군지는 보이기 때문이다. 하지만 마음이 약해졌을 때는 타인과 어떤 관계 속에 있는지 분간하기 어렵고, 자신이 관계 맺기를 강요당하고 그 관계에 의존하고 있다는 사실을 깨닫지 못한다.

권위를 따르려면 스스로 판단하라

권위가 주는 답을 그대로 받아들이는 사람이 있다. 왜 권위에 의존하는가. 대등한 관계를 중시하는 아들러는 권위를 전혀 인정하지 않지만 에리히 프롬*Erich Fromm*의 생각은 다르다.

프롬은 독재적이고 비합리적인 권위를 갖느냐 혹은 권위를 전혀 갖지 않느냐를 가려내는 것이 중요한 문제가 아니며, 진짜 문제는 어떤 종류의 권위를 갖느냐 하는 것이라고 했다. 그는 권위를 합리적 권위와 비합리적 권위로 나누었다.[18]

프롬에 따르면 합리적 권위는 능력에서 나온다. 어떤 사람의 권위가 존경받는 이유는 그 사람이 다른 사람이 맡긴 일을 능숙하게 처리할 수 있기 때문이지, 결코 어떤 마술적인 힘을 가졌거나 카리스마가 있어서가 아니다. 지식이 있고 그 지식에 기초하여 일을 할 수 있는 사람은 합리적인 권위를 갖는다. 그러한 권위에는 타인의 동의나 칭찬은 필요 없다.

합리적인 권위는 이성에 기초하며, 이성이란 이름하에 권위가 행사된다. 이성은 보편적인 것이라서 이성을 따르는 건 복종이 아니다.

교사는 학생에 대해 합리적인 권위를 가진다. 학생이 납득하고 자신의 잘못을 받아들인다고 해서 교사에게 복종하는 것은 아니다.

나는 젊은 시절에 대학에서 고대 그리스어를 가르쳤다. 학생이 틀렸을 때 잘못을 지적하는 것은 교사의 역할이므로 잘못을 지적했다고 해서 학생이 화를 내지는 않는다. 교사는 학생의 잘못을 지적하고 바로잡지만, 그것이 학생의 인격을 비난하는 것은 아니다. 문제를 틀렸을 뿐이지, 학생이 모자란 게 아니다. 학생들은 교사가 지닌 권위가 합리적이라는 것을 알고 있다. 따라서 교사가 잘못을 바로잡으면 자신이 잘못했다는 사실을 순순히 받아들이고 반발하지 않는다.

반대로 교사라고 해서 절대로 실수하지 않는 것은 아니다. 교사가 학생에게 잘못을 지적당하기도 한다. 그럴 때 합리적인 권위를 가진 교사라면 학생의 지적을 냉정하게 이성적으로 받아들이고, 감정적으로 반응하지 않을 것이다. 만약 학생의 지적을 받아들이지 못하고 감정적으로 나오는 교사가 있다면 그 교사의 권위는 합리적인 권위가 아니라 비합리적인 권위다. 합리적인 권위가 이성을 바탕으로 행사되면 감정적인 다툼은 일어나지 않는다.

프롬은 합리적인 권위를 가진 사람이 내리는 판단을 이성으로 받아들이는 것을 '자율적 복종'이라고 했으며, 그에 반해 타인의 생각이나 판단을 그대로 받아들이는 것을 '타율적 복종'이라고 했다.[19]

프롬은 말하지 않았지만, 만약 교사의 말이 옳지 않다고 이성적으로 판단된다면 교사의 권위가 아무리 합리적이라 해도 그 교사의 권위는 학생의 입장에서 보면 비합리적인 권위가 된다. 그러므로 학생은 교사에게 배운 것이라도 반드시 스스로 생각하고 그것의 옳고 그름을 판단할 수 있어야 한다.

고학력 엘리트들이 종교 지도자의 지시에 따라 사람을 죽인 사건이 있었다. 왜 그런 일이 일어난 걸까. 스스로 생각하지 않고 안이하게 답을 구하는 사람은 답을 주는 사람에게 의존하고 어떤 지시든 따르게 되어 있다.

같은 방향을 바라보는 일

———

에리히 프롬은 교사와 학생의 이해관계가 이상적으로 맞아떨어지는 경우에는 같은 방향을 보고 있다고 말한다. 같은 방향이란 학생의 학력을 기르는 것이다. 프롬은 교사가 학생의 실력을 키우지 못하면 그 실패는 교사의 실패이자 학생의 실패라고 말한다.

오랫동안 강의를 해온 나는 프롬이 하려는 말이 무슨 말인지 이해할 수 있었다. 교사는 강의를 하기 위해 상당히 오랜 시간을 준비한다. 그런데 준비를 전혀 하지 않고 강의 시간에 어슬렁어슬렁 들어오는 학생들이 있다. 이들은 교사의 말을 이해하지 못해도 자신에게 문제가 있어서라고 생각하지 않는다. 교사가 장시간 생각해온 개념을 그저 듣기만 해서는 이해하기 어렵다. 그런데도 교사의 말을 이해하지 못하면 학생은 교사가 가르치는 방식에 문제가 있다고 생각한다.

물론 충분한 준비를 하고 강의를 들어도 이해할 수 없는 부분이 있을 것이다. 그럴 때는 교사에게 질문하면 된다. 그런데 강의 시간에 학생이 질문하는 경우는 거의 없었다. 학생들이 스스로 이해하려고 노력하지 않고 그저 이해하기 쉽게 가르쳐주기를 바라는 것은 교사에게 의존하고 있기 때문이다.

원래 하려던 이야기로 돌아가서, 실패는 교사만의 것이 아니라 학생의 것이기도 하다는 프롬의 주장은 교사가 아무리 열심히 가르쳐도 학생이 이해하려고 노력하지 않으면 실패의 책임이 전부 교사에게 있다고는 할 수 없다는 뜻이다.

아들러의 주장은 조금 다르다. 그는 프롬보다 더 엄격하게 말했다.

> 나는 아이의 능력, 무능력을 믿지 않는다. 교사의 능력, 무능력만 있을 뿐이다.[20]

즉 학생의 성적이 부진하면 이는 교사의 책임이다. 교사는 학생에게도 문제가 있다고 말하고 싶을지 모르지만, 아들러는 학생이 이해하지 못하면 가르치는 방식에 문제가 있으며, 배울 의욕이 없는 것도 교사의 무능력이라고 생각했다.

모두를 따라가면 '나'를 잃는다

———

프롬은 20세기 중반부터 권위가 이전과 성격이 달라졌다고 지적했다.[21] 권위가 익명화되면서 보이지 않게 됐다는 것이다. 명백한 권위가 아니거니와 누구도 명령하지 않고 복종하도록 강요하지 않아서 어떤 사람들은 자신이 권위에 복종하고 있다는 사실도 깨닫지 못할 때가 있다. 그래서 권위에 복종하라고 강요받고도 자발적으로 복종하고 있다고 생각한다.

모두가 그렇게 하니까 자신도 그렇게 해야 한다고 생각하는 사람도 있다. 이 경우는 강요받고 있다고 느끼지만, 누군가 특정한 사람에게 강요받을 때와는 다르다.

그 권위란 이익, 경제적 필요, 시장, 상식, 여론 등과 같이, '인간이 행하고, 생각하고, 느끼는 것'이다. 이 권위는 눈에 보이지 않아서 공격할 수도 없다.

'인간이 행하고, 생각하고, 느낀다'라고 말할 때의 '인간'은 특정한 사람이 아니다. 익명의 권위에 대해 논한다는 맥락에서 여기서의 인간은 '세상'과 같다.

'이런 때는 이런 식으로 해야 한다'는, 세상 사람들이 일반적으로 바람직하다고 여기는 사고방식이 익명의 권위다. 이 권위가 강력하면 '동조 압력'으로 느껴져서 굴복하게 된다. 그것도 동조 압력에 굴복한다는 의식조차 없이 말이다.

프롬은 익명의 권위가 작용하는 원리를 '동조'라고 지적했다. 다시 말해 다음과 같은 것이다. 모든 사람이 하는 걸 해야 한다, 다른 사람과 다르거나 튀어서는 안 된다, 자신이 옳은지 그른지도 묻지 말아야 한다, 옳은지 그른지를 묻는 대신에 세상에 적응하고 있는지를 물어야 한다.

동조 압력에 굴복하면 나는 개성을 잃고 '나'가 아니게 된다. 머리말에 나온 청년이 말했듯이 사회 적응은 죽음을 의미한다.

의문을 품고 답을 구하라

인간이 의존하게 되는 이유는 어릴 때부터 받은 교육에 문제가 있어서다.

수학은 좋아하면서 국어는 싫어하는 아이가 있다. 답이 하나가 아니거나 답이 없는 것을 받아들이지 못하기 때문이다. 모든 질문에 정답이 있다고 믿고, 답이 없는 질문이 있을 거라고는 생각하지 않는다. 답이 없거나 적어도 답을 찾기 어려운 문제가 있으면 당황한다.

산수에 관해서도 아들러는 다음과 같이 말한다.

> 어떤 과목이든 (다른 사람의 도움을 받아) 편하게 공부할 수
> 있는 길이 있다. 하지만 산수에는 그런 게 없어 스스로 노력
> 하고 생각해야 한다. 응석을 부리며 자란 아이들은 보통 산
> 수를 공부할 준비가 충분히 되어 있지 않다.[22]

스스로 노력하지 않으면 아무 일도 일어나지 않지만 결과는
바로 나온다. 의존적인 아이는 스스로 노력하지 않거나 노력해
도 원하는 결과가 나오지 않으면 금세 포기한다. 아들러는 부
모가 아이를 응석받이로 키워 아이가 의존적으로 된다고 본다.

> 엄마가 아이를 지나치게 응석받이로 키우면 아이는 태도,
> 생각, 행동, 심지어 말로 협력하는 것을 불필요하다고 느낀
> 다. 그러면 아이는 곧 '기생충(착취자)'이 되어 모든 걸 다른
> 사람이 해주기를 기대하게 된다.[23]

이런 아이들은 남의 도움을 받지 못하는 산수에 특히 약하
다. 다른 과목에서도 좋은 결과를 내려면 스스로 해결할 수밖
에 없다. 답이 없어 보이는 문제라도 스스로 생각해야 한다. 그

러나 의존적인 아이는 스스로 답을 구하지 못하면 정답을 주는 어른에게 의존한다.

공부만 이런 것이 아니다. 아들러는 저서의 많은 부분을 다른 사람에게 의존해서 사는 응석받이 아이에 관해 쓰는 데 할애했다. 많은 아이들이 부모에게 의존하고, 부모는 아이를 응석받이로 키운다. 하지만 다행히 이런 취급에 격렬하게 저항하는 아이들이 많아서 예상만큼 많은 피해가 발생하지는 않는다고 했다. 그 말이 맞는다면 좋겠지만, 요즘 시대는 아들러가 살았던 시대보다 응석받이 아이, 기생충인 아이가 많지 않을까.

모든 아이가 의존적으로 되는 것은 아니지만, 교사나 부모도 아이를 의존적으로 만들지 않았는지, 자신이 본래 의존적이지 않은지 돌아볼 필요가 있다.

무슨 말을 해도 순순히 따르는 아이들만 있으면 육아나 교육은 편할 것이다. 하지만 어른들은 아이들을 순종적으로 만들어서는 안 된다. 이상해도 이상하다고 말하지 못하는 순종적인 학생들은 어른이 되었을 때 불합리한 명령을 내리는 상사에게 반론하지 못한다. 또한 나라에서 폭정을 해도 의문 없이 받아들인다.

왜 이런 일이 일어나는 것일까? 어린아이들은 하루에도 몇 번씩 "이게 뭐지?", "왜?"라고 묻지만 어른들은 모든 질문에 대답하지는 못한다. 아이들의 질문이 귀찮은 어른들은 아이들이

제2장 의존적인 사람의 특징

질문하면 그런 생각은 하지 않아도 된다고 말한다. 이런 일이 계속되면 아이들은 아무런 질문도 하지 않게 된다.

교칙이 불합리하다고 생각한 학생은 왜 이 규칙을 지켜야 하느냐고 교사에게 물을 것이다. 그러면 교사도 이유를 몰라서 전부터 정해져 있으니 지켜야 한다고 대답한다. 그때 학생이 그건 답이 아니라고 지적하지 못하면 교육은 실패한 것이다.

대부분의 교칙은 교사가 학생을 지배하기 위한 목적 외에는 다른 목적이 없다. 교칙에 의문을 갖지 않는 학생을 지배하기란 쉽다.

나만이 찾을 수 있는 답

───────

어른들도 모르는 게 많다. 그럴 때 많은 사람들이 스마트폰으로 검색하거나 AI(인공지능)를 통해 답을 찾으려 한다. 거기서 제시하는 답이 옳은지 검증하려 하지 않고 정답이라고 믿는다. 외국어 역시 바로 번역이 되다 보니 굳이 외국어를 배울 필요가 없다고 생각하는 사람도 있다. 이들은 번역문이 틀릴 거라고 생각하지 않는다. 따라서 인공지능이 내놓는 답이 옳은지 그른지를 판정하기 위해서는 AI 이상의 지식이 필요하다.

인생이 순탄하다고 여기는 사람은 인생의 의미가 뭔지 생각하지 않는다. 그런데 자기 앞에 놓여 있다고 생각했던 레일이 사라지는 경험을 하는 순간이 있다. 병에 걸려 당연히 올 거라 믿었던 내일이 오지 않을 수 있다고 느끼는 순간이 그러하다. 그런 경험을 하면 그제야 비로소 인생에 대해 생각하게 된다. 하지만 그럴 때 AI는 의지가 되지 않는다. AI는 대답하지 못한다. 대답한다 한들 인간은 언젠가 죽는다는 일반적인 대답만 내놓을 뿐이다. 그런 답은 알아봤자 의미가 없다. 다른 누구도 아닌 바로 내가 죽는다는 것이 어떤 의미인지 알고 싶은 것이기 때문이다. AI는 여기에 대답하지 못할 것이다.

다른 사람에게 조언을 구하거나 책을 읽는 사람도 있겠지만 스스로 생각하지 않으면 의미가 없다. 삶의 의미에 관한 질문에는 답이 바로 나오지 않는다. 그리고 바로 답이 나오지 않으면 생각을 멈추게 된다.

생각하지 않으면 아무런 고민 없이 인생을 살 수 있을까. 살아갈 희망을 잃어버릴 만한 일이 닥쳤을 때 인간은 절망한다. 그런 사람의 마음 한구석에 종교가 끼어든다. 스스로 생각하려고 하지 않는 사람은 종교가의 가르침을 그대로 받아들인다. 그들이 생각하지 말고 받아들이고 믿으라는 식으로 설파하기 때문이다.

'사람이 죽으면 어떻게 될까'라는, 대답하기 어려운 질문도 있다. 다른 사람의 죽음이 이 세상에 존재하지 않는 것 즉 부재

제2장 의존적인 사람의 특징

라는 건 알지만 자신이 죽으면 어떻게 될지는 아무도 모른다. 따라서 부모가 종교를 열렬히 믿는 사람이라면 아이는 부모에게 신에 대해 배우고 신의 존재를 의심하지 않을 수도 있다. 다만 자라서 신은 없다고 말하는 친구들에게 신을 믿는다고 말했다가 비웃음을 당할지도 모른다. 그런 때 아이들은 어른에게 신이 정말로 존재하는지 묻는다. 하지만 어른은 그 질문에 대답하지 못하고 그저 믿으면 된다고만 얼버무릴 수도 있다. 이때, 그 대답을 납득한 사람은 권위에 의존하게 된다.

지배하는 사람의 특징

지배와 의존은 함께 다닌다

––––––––

지배하려는 경우에 관해 알아보자. 아들러는 최면에 대해 다음과 같이 말했다.

> 최면을 치료용으로 쓰기에는 위험이 따른다. 나는 최면을 좋아하지 않는다. 그래서 환자가 최면 아닌 다른 방법을 신뢰하지 않을 때만 최면을 쓴다.[24]

아들러가 최면을 치료에 사용하지 않는 이유는 최면에 걸리는 사람이 반기를 들 여지가 있기 때문이다. 최면은 기본적으로 치료자가 "당신에게 최면을 걸겠습니다"라고 했을 때 환자가 "최면에 걸리겠습니다"라고 동의해야 성립한다.

제3장 지배하는 사람의 특징

그런 의미에서 최면에 걸리는 환자는 순종적이고 치료자에게 의존적이지만, 이러한 감정은 오래가지 않는다. 최면요법을 쓰지 않는 의사를 대할 때도 마찬가지다. 처음에는 의사에게 "믿고 맡기겠습니다"라고 말하는 환자도 치료가 기대했던 만큼 효과가 없으면 의사에게 반기를 든다. 설령 좋아진다 해도 종속되는 지위에 언제까지고 머무르려 하지는 않는다. 처음에는 치료자에게 순종하지만, 그것은 "나중에 치료자를 경시하기 위한 준비 단계에 지나지 않는다"라고 아들러는 지적한다.[25]

이처럼 특별히 의존적인 환자가 아니더라도 의사는 프롬이 말하는 비합리적 권위로 환자를 지배할 수 있다.

사람을 지배하는 힘이라고 할 수 있는 비합리적 권위를 세우기 위해서는 지배하는 측의 압도적인 영향력과 이 권위에 따르는 사람의 불안이 필요하다. 비합리적 권위를 내세우는 의사는 '환자의 불안을 부추기는 것쯤은 어렵지 않다'라고 생각할 것이다.

이러한 현상은 종교에서도 볼 수 있다. 헌금을 하지 않으면 지옥에 떨어진다는 말을 듣고 불안한 마음에 종교를 믿기 시작하는 사람이 있다. 내게 종교를 권유하는 아버지에게 그것을 거부하면 어떻게 되느냐고 물었더니 아버지는 지옥에 떨어질 거라고 정색하며 대답했다.

합리적 권위와 달리 비합리적 권위는 비판을 금지한다. 교사는 학생들에게 질문을 금지하거나 심지어 의문을 갖는 것조차 금지할 수도 있다. 의문 따위는 품지 말고 그저 배우기만 하면 된다고 여기는 교사는 비합리적 권위를 이용해 학생들을 지배하려 한다. 의사나 심리상담사도 권위를 지닌 경우에 치유를 바라는 의존적인 환자를 지배한다.

따라서 지배와 의존은 짝을 이룬다. 지배하는 사람만으로는 지배가 성립하지 않는다. 지배받는 사람은 지배하는 사람에게 의존하지만 지배하는 사람도 의존하는 사람에게 의존한다.

대면해야 일이 된다는 사람들에게

코로나 바이러스가 퍼지면서 원격근무를 도입한 회사가 크게 늘었다. 출퇴근 없이, 직접 얼굴도 보지 않고 일하는 방식에 처음에는 당황한 사람도 많았을 것이다. 특히나 남의 눈을 의식해서 일을 하던 사람은 혼자 일하는 게 쉽지 않다고 느낄지도 모른다. 개중에는 보는 눈이 없어 일을 건성으로 하려는 사람도 있겠지만, 해야 할 일이 있는 만큼 마냥 게으름을 피울 수는 없다.

일을 하는 스타일은 사람마다 다르다. 바로 일을 끝내는 사람도 있고 오랜 시간을 들이는 사람도 있다. 전에 철학 시험 감독을 한 적이 있는데, 평소에 열심히 강의를 듣지 않는 학생은 곧바로 답안을 써서 교실을 나갔고, 내 이야기에 관심을 보이며 질문을 하는 학생은 시간을 들여 답안을 썼다. 일도 마찬가지다. 일을 빨리 끝낸다고 해서 반드시 유능하다고는 할 수 없다. 유능한 사람은 일을 빨리 끝마치기도 하지만, 시간을 들여 깊이 생각하기도 한다. 물론 시간을 들여도 일을 제대로 하지 못하는 사람도 있긴 하지만.

시간에 구애받지 않고 일할 수 있다는 점이 재택근무의 장점이다. 아침에 일찍 일어나지 못하는 사람은 늦게 일어나서 밤늦게까지 일한다. 처음에는 적응이 어려웠던 사람도, 집에서 일하는 게 생각보다 쾌적하고 일도 잘되면 원격근무를 계속하고 싶어 한다. 그래서 출퇴근하는 이전 근무 환경으로 돌아갔을 때 아쉬워하는 사람도 적지 않았다.

반면에 원격근무를 탐탁지 않아 하는 사람들도 있다. 사무실 근무를 권장하는 이들은 서로 얼굴을 맞대지 않으면 일을 할 수 없다고 생각한다. 일 자체는 집에서 할 수 있지만, 만나서 대화를 해야 좋은 아이디어가 떠오른다고 말하는 사람도 있다.

그건 사실이 아니다. 원격근무로 할 수 있는 일이라면 얼굴을 보지 않고도 할 수 있다. "얼굴을 맞대고 대화를 나눠야 좋은 아이디어가 떠오른다"라고 말하는 사람은 사실 그저 잡담을 나누고 싶은 것이다. 좋은 아이디어는 혼자 있을 때 떠오르는 경우가 더 많다. 남과 대화하다가 좋은 아이디어가 떠올랐다면 그런 상황에서도 아이디어가 떠올랐다고 보는 게 맞다. 아이디어가 떠오르지 않을 때는 뭘 해도 떠오르지 않는다. 말하자면 좋은 아이디어가 떠오르지 않은 사람이 사람들과 만나 잡담을 나누지 않는 데서 그 이유를 찾은 것뿐이다.

원격근무를 하면 사람과 관계를 맺을 수 없다고 말하는 사람도 있다. 직접 얼굴을 보지 않으면 의사소통을 제대로 할 수 없고 대면 회의가 아니면 신뢰를 쌓을 수 없다고 하면서 말이다. 하지만 얼굴을 마주 봐야 관계를 맺을 수 있고 사람들과 떨어져 있으면 관계를 맺지 못하는 사람이라면 실제로 만나도 의사소통을 하기 어렵고 좋은 관계를 맺지 못한다 해도 과언이 아니다. 비대면으로 신뢰를 받지 못하는 상사는 대면하면 더욱 신뢰도가 떨어질 수도 있다.

어찌 됐든 직접 만나야 일이 된다고 여기는 사람은 상대방의 사랑을 확신하지 못하는 연인과도 같다. 서로 사랑하는 두 사람은 늘 함께 있고 싶어 하지만 떨어져 있어도 외로워하지 않는다. 그러다 관계가 틀어지면 전화로는 결론이 나지 않는다며 직접 만나서 이야기하자고 말한다. 하지만 만난다고 해서 관계가 개선되는 건 아니다.

외국어로 통화하는 데 어려움을 겪는 사람은 얼굴이 보이지 않아서 말을 잘할 수 없다고 한다. 하지만 그저 외국어 실력

제3장 지배하는 사람의 특징

이 부족한 것일 뿐이고 실제로 만나서도 말을 잘하지 못한다. 나는 오랫동안 심리상담을 해왔다. 상담을 할 때는 표정, 동작, 자세, 목소리 등이 내담자를 이해하는 데 도움이 된다는 걸 알고 있다. 그렇다고 해서 얼굴을 보지 않고 말만으로 소통이 불가능한가 하면 그렇지 않다. 말로만 상담하는 게 불가능하다면 그건 심리상담사가 무능하기 때문이다.

목소리로 듣기만 해서는 커뮤니케이션이 어렵다면 온라인 회의 앱을 사용하면 된다. 회의 앱을 사용해본 적이 없는 사람이 상상하는 것과 달리, 온라인 회의나 원격 진료를 할 때는 화면으로 크게 비친 얼굴을 볼 수 있어 실제로 대면하는 것보다 표정이 더 잘 읽힌다. 물론 얼굴을 본다고 해서 상대의 말을 잘 이해할 수 있는 건 아니다. 이해에 도움은 되겠지만 이해를 위해 꼭 필요하지는 않다.

나는 최근에 모든 강연을 온라인으로 진행했다. 해외와 연결하여 강연하기도 하고 편집자와도 온라인으로 회의를 열었는데 그렇게 하면 강연자는 멀리까지 이동할 필요가 없다. 강연을 듣는 사람에게도 장점이 있다. 멀어서 가기 어려운 곳에서 강연이 열리면 예전에는 대부분 참석을 포기해야 했지만 지금은 해외 강연을 집에서도 들을 수 있다. 그뿐인가, 주최자도 강연장을 준비할 필요가 없고 강연자에게 교통비나 숙박비를 지급할 필요가 없다. 그러니 특별한 경우가 아니라면 굳이 대면 강연으로 돌아갈 필요는 없다고 생각한다.

연결을 강요하는 이유

———

다시 원격근무 얘기로 돌아가자. 집에서도 일을 할 수 있는데 '역시' 직접 대면하지 않으면 안 된다며 출근을 강요하는 상사의 경우, 그건 표면적인 이유일 뿐이다. 진짜 이유는 본인도 모를지 모른다. 자신의 시야가 닿는 범위 내에서 부하 직원에게 일을 시키고 지배하고 싶은 것이 진짜 이유다. 출근과 업무 효율은 상관 관계가 없다.

부하 직원이 눈앞에서 일하지 않으면 지배할 수 없으니, 출근하게 해서 자신의 지배하에 두려고 하는 것이다. 그런 상사는 부하 직원이 정말로 일을 하고 있는지 의심하는 사람이다.

출근을 강요하는 또 다른 이유는, 대면 회의에서는 말없이 가만히 앉아 있기만 해도 부하 직원을 압박하고 지배할 수 있는데(그럴 수 있다고 여기는데) 원격 회의를 하면 그럴 수 없기 때문이다.

원격 회의에서는 무슨 말이든 해야 하기 때문에도 그렇다. 논리 정연하고 설득력 있는 발언을 하는 상사는 직원들에게 유능한 리더로 평가받겠지만, 가만히 있으면 그런 평가를 받을

수 없다. 발언을 한다 해도 논리적으로 말하지 못하면 리더로
서 유능하다고 볼 수 없다.

얼굴을 마주 보고 호되게 야단치면 지배할 수 있다고 생각
하는 상사도 있다. 물론 온라인상에서도 야단칠 수 있지만, 상
대가 음을 소거해놓고 듣지 않을 수도 있잖은가. 하지만 대면
하면 부하 직원은 그 자리를 피하기 어렵다.

또한 재택근무가 가능하다는 사실을 인정하고 싶지 않을 수
도 있다. 이 경우 사무실 출근 여부는 회사 충성도를 확인하는
수단이 될 가능성이 높으므로 출근 지시를 받으면 군말 없이
회사의 지시를 따르는 사람만 남게 될지 모른다.

원격근무 형태가 앞으로 어떻게 변화할지 알 수 없지만 직
장인들에게 원격근무와 사무실 출근 중 하나를 선택하게 하는
건 바람직한 일이다. 코로나 사태가 진정되었다고 모든 것을
되돌릴 필요는 없다. 편리한 것을 없앨 필요는 없기 때문이다.

업무 성격상 원격근무가 가능한데도 원격근무를 선택할 수
있는 옵션이 없다면 그건 연결을 '강요'하는 행위나 다름없다.

20분이면 끝나는 일이라면 온라인으로 해도 충분하건만 지
방에 있는 공무원에게 굳이 수도 한복판까지 오라고 강요하는
정치인의 경우, 일 자체가 아니라 자신의 명령에 따르게 함으
로써 자존심을 세우려는 것이다. 온라인으로 일을 할 수 있으
면 정치인이 외유할 필요도 없고 정상회담도 만나서 할 필요가

없다.

코로나 시기에는 학회도 취소되거나 온라인으로 열렸다. 앞으로도 그저 대면 방식만 고수할 게 아니라 온라인으로 청강을 할 수 있게 옵션을 마련하는 것이 바람직하다고 본다. 학생들에게는 먼 곳에서 열리는 학회에 참가하기 위해 교통비를 부담하는 것도 만만치 않다.

이처럼 대면을 강요하는 문제뿐만 아니라 오늘날 우리는 선택권을 박탈당하고 억지로 연결을 강요받는 일이 많아졌다. 예를 들어 SNS가 널리 이용되고 있는데, 이 수단을 이용하지 않는 사람은 세상 흐름에 뒤처진 사람 혹은 소통 능력이 부족한 사람이라고 낙인찍히기도 한다. 요즘은 작가도 SNS를 적극 활용해 저서를 알리는 등 홍보에 힘써야 대접받는 시대다. SNS를 이용하지 않는 작가는 베스트셀러를 내도 특이하게 보는 시선도 있다. 나 역시 SNS에 가끔 글을 올리지만 팔로워가 많지 않아서 신간을 다룬 기사를 SNS로 퍼뜨려달라고 하면 여간 곤혹스럽지 않다. 책을 출판하려면 저자의 SNS 팔로워 수가 많아야 한다는 조건을 내건 출판사도 있다고 한다.

이렇게 연결을 강요하는 이유는 지배하려는 목적이 있고 유용함이나 편리함보다는 관리하고 싶어서일 가능성이 높다.

국가가 불안을 이용하는 법

범국가 차원에서 국민에게 하나 됨과 연결을 강요하는 일도 적지 않다.

일례로 후쿠시마 원전 사고의 경우를 보면, 지금도 수많은 사람들이 피난 생활을 하고 있으며 방사능 오염도 계속되고 있다. 그런데도 원전 사고를 마치 없었던 일처럼 하려는 정치가가 있다. 원전 사고는 자연재해와는 다르다. 지진이나 해일 때문이기는 하지만 애초에 원전이 없었다면 일어나지 않았을 사고다. 그런 의미에서 원전 사고는 인재다. 그런데 사고의 책임 소재를 애매하게 만들고는 국민 모두가 하나가 되어 '국난'을 극복하라고, '연대'하라고 한다. 서로 돕자며 '공조'를 강조하는 것도 원전 사고가 인재임을 잊게 한다.

물론 재해가 발생했을 때 해를 입은 사람에게 모두가 힘이 되어주어야 하는 것은 맞지만, 그에 앞서 국가가 피해자를 지원해야 마땅한데도 정부가 공조를 권하는 것은 이상하다.

전쟁 때는 더더욱 책임 소재를 감추려 든다. 패전 뒤처리를 맡은 히가시쿠니노미야 내각은 전쟁 책임이 국민 전체에 있다며 1억 총 참회론을 주창했다.

1923년 관동대지진이 일어났을 때는 조선인이 폭동을 일으킨다는 소문이 돌면서 많은 사람이 죽임을 당했다. 철학자 미키 기요시三木清는 다음과 같이 말했다.

> 불안은 인간을 초조하게 만들고, 초조는 인간을 충동적으로 만든다. 그럴 때 인간은 어떤 비합리적인 일에도 쉽게 몸을 내맡긴다. 그런 연유로 일찍이 많은 독재자들이 인민을 불안과 공포로 몰아넣고 그들을 자기 뜻대로 움직이려고 했다.[26]

지진 후 살포된 유언비어로 일본 전체에 불안이 야기되면서 거짓 일체감이 형성되고 국민은 재해 발생 당시 정부가 저지른 실책에서 눈을 돌렸다. 2011년 동일본대지진 때에도 피해 지역에서 외국인이 범죄를 저지른다는 소문이 인터넷을 통해 삽시간에 퍼졌다.

그런가 하면 2022년에 열린 아베 신조 전 총리의 국장國葬은 법적 근거가 없는 상태에서 국회 심의도 거치지 않고 결정된 것이 무엇보다 문제였지만, 국민에게 연결과 단합을 강요한 것도 문제다. 국가 차원에서 장례식을 거행하고 조의를 표하라고 강요하는 상황에서 많은 이들이 대놓고 불복종을 주장하지 못했다. 내 경우, 위정자가 연결을 강요하여 전 국민 단합을 도모하는 것에 심한 거부감을 느꼈다. 그런데도 거부하기 어려운 이유는 '죽은 사람을 애도하는 건 인간으로서 당연한 일이 아닌가', '부모가 죽으면 슬프지 않나'라고 말하는 이들이 있기 때문이다. 이런 식으로, 국가 정부의 뜻에 따르지 않으면 인간된 도리가 아니라는 분위기가 조성된다.

재판관을 자처하는 사람들

———

코로나 사태로 인해 그동안 존재했던 문제들이 수면 위로 떠올랐다. 예컨대 마스크 착용은 감염 예방을 위해 필요하지만, 모두가 마스크를 쓴다고 해서 마스크를 쓰고, 반대로 모두가 벗는다고 해서 벗는 것은 이상하다. 이러한 행동은 타인의 행동에 좌우되어서는 안 된다. 스스로 이성적으로(코로나의 경우 과학적으로) 판단해서 행동을 결정해야지, 남의 시선이 신경 쓰인다고 마스크를 썼다 벗었다 하는 것은 잘못이다.

코로나 사태 초기에는 다른 사람이 마스크를 쓰고 있는지 감시하는 사람들이 있었다. 정해진 영업시간을 넘겨 가게를 운영하는지 감시하는 사람도 있었다. 전문가가 아닌 정치인들이 과학적 근거도 없이 마스크를 쓰지 않는 것이 세계적 추세라고 하자, 마스크를 벗기려는 정부의 움직임에 동조하는 사람도 있었다.

강요하는 사람이 있고 복종하는 사람이 있다. 복종하는 사람은 자기만이 아니라 다른 사람도 복종하게 만든다. 다수파가 되기 위해서는 다른 사람도 복종하게 만들어야 하기 때문이다.

아들러는 타인의 말과 행동에 관심을 두면서도 스스로는 아무것도 하지 않는 사람에 대해 글을 썼다. 어떤 노부인이 전차를 타려다 미끄러져 눈밭에 떨어졌다. 그 상태에서 노부인은 일어나지 못했다. 그 주변에서는 많은 사람들이 걸음을 재촉할 뿐, 누구 하나 노부인을 도와주려 하지 않았다.

마침내 한 사람이 가서 노부인을 도와주었는데, 그 순간 어디선가 사람이 뛰어나오더니 그에게 이렇게 인사를 했다.

"드디어 훌륭한 분이 나타났군요. 나는 5분 동안 저 자리에 서서 누군가 노부인을 도와주기를 기다렸습니다. 당신이 첫 번째 사람입니다."

이 사람은 재판관을 자처하여 다른 사람에게 상과 벌을 내리지만 자신은 손가락 하나 까딱하지 않는다.[27]

왜 본인이 구하러 가지 않았을까. '재판관'은 다른 사람을 심판하여 우월감을 느끼려는 경향이 있기 때문이다.

물론 이런 사람에게도 좋은 의도가 있다. 마스크를 쓰자는 움직임에 동조하는 사람은 감염을 피하기 위해서는 혼자 마스크를 써봤자 소용없다고 생각하기에, 마스크 쓰지 않은 사람을 주시하고 비난하는 것이다. 그런데 "대개 이런 개인적인 방어가 다시 다른 사람에게 해를 입힌다."[28]

　　　　　　　　　　제3장 지배하는 사람의 특징

문제는 도를 넘어서는 행동이다. 가게 영업을 중단하라며 주인을 협박하는 경찰이나 감염자를 비난하는 사람이 그 예다. 드러내놓고 적의나 증오를 보이지 않더라도 타인을 비난하는 행동에는 증오가 숨어 있다고 아들러는 말한다.

> 증오의 감정은 항상 직선적이거나 노골적이진 않으며 때로는 베일로 가려져 있다. 가령 그것은 비판적 태도라는 보다 세련된 형태를 취할 수 있다는 걸 잊어서는 안 된다.[29]

또한 문제는 이런 상호 감시의 배후에 권력이 있다는 사실이다. 정부는 직접 나서서 손을 쓰기보다는, 정부 방침에 따르지 않는 사람을 그냥 두지 못하는 이들을 이용한다. 남들과 똑같이 행동하지 않는 사람을 복종시키려는 사람은 자신이 정의를 위해 자발적으로 싸우고 있다고 생각할지 모른다. 하지만 결코 자발적으로 싸우고 있는 것이 아니다.

주변 관계를 점검하는 법

나를 지배하려는 자는 누구인가

————

지배받고 강요당해서 만들어진 관계는 거짓 관계다. 인간은 본래 연결되어 있는 존재라는 의미에서 이러한 관계는 진정한 관계와 다르다.

앞서 보았듯 지배는 의존을 전제로 한다. 기꺼이 의존하는 사람이 있기에 지배하는 사람이 있는 것이다. 원격근무를 할 때 오히려 상사의 감시를 받고 싶어 하는 직원이 있을 수 있다. 출근하지 않고 일을 하면 에너지를 일에 쏟을 수 있으니 결과적으로 생산성은 향상될 것이다. 하지만 그런 직원은 보는 눈이 없으면 일이 안 된다고 생각한다. 마치 공부하라고 끊임없이 잔소리하지 않으면 공부를 안 하는 아이 같다. 이런 직원을 지배하기란 쉬운 일이다. 이런 식으로, 지배하고 싶은 사람과 지배받고 의존하고 싶은 사람 사이에 유대감이 생긴다.

개중에는 집에서 일하고 싶어도 말하지 못하는 사람이 있을 것이다. 말해봤자 소용없다고 생각하고 처음부터 포기했는지도 모른다. 하고 싶은 말이나 해야 할 말을 하지 않으면 분위기가 깨지지 않으며 구성원들의 사이도 좋아 보인다. 상사나 조직의 비리를 부하 직원이 못 본 척하면 조직의 질서는 유지된다. 그러나 이러한 관계는 거짓 관계이다. 어떻게 하면 지배와 의존으로 이뤄진 거짓 관계를 진정한 관계로 만들 수 있을지 생각해보자.

알아야 해결할 수 있다

———

강제로 연결되어 있다는 사실을 알게 된 사람은 뭔가를 강요받았을 때 어떤 태도를 취할지 결정할 수 있다. 하지만 강요당하고 있다는 사실을 깨닫지 못하면 순순히 따라야 하는지 말아야 하는지 갈등조차 하지 않는다. 위정자의 입장에서는 잠자코 따라주면 고마운 일이다.

코로나 팬데믹 상황에서 도쿄올림픽이 다가왔을 때, '올림픽에 목숨을 건 선수들을 생각해서 개최 취소는 있을 수 없다'는 여론이 형성되는 바람에 반대 의견을 주장하기 어려웠다. 이런 논리는 말하자면 흉악한 범죄에 희생된 사람의 유족이 느낄 감정을 방패 삼아 사형제도에 반대하지 못하게 만드는 것과 같다. 실제로는 모든 유족이 사형을 바라는 것은 아니다. 그럼에도 유족의 감정이 개입되면 사형에 반대하기가 어려워진다.

나라가 전쟁을 벌이기 위해서는 국민의 애국심이 필요하다. 테러가 벌어지거나 다른 나라에서 전쟁이 났을 때 나라 밖에 적을 만들어 국내의 결속을 다지려고 한다. 밖에서 일어난 전쟁을 이용해 자국도 다른 나라의 공격을 받을지 모른다며 애국심을 고취한다.

많은 미국인들은 나라를 지키기 위해서는 테러리스트와 싸워야 한다고 여겼고, 전쟁이 불가피하다고 믿었다. 수전 손택 *Susan Sontag*은 9.11 테러 이후 모든 자동차에 성조기가 나부끼는 것을 보고 완전히 질렸다고 말했다.[30] 사회 전체가 편집증에 빠졌던 것이다. 이때도 테러에 희생된 사람의 가족이 모두 전쟁에 찬성했던 것은 아니다.

외부에 적을 만들면 국민은 단결한다. 정치가는 그런 생각으로 전쟁을 정당화할 이유를 찾는다. 국민의 관심을 딴 데로 돌릴 수도 있다.

하지만 플라톤이 《파이돈》에서 말했듯 '모든 전쟁은 재화를 얻기 위해 일어난다'. 정치인들은 이런 목적을 공공연하게 드러내놓고 말하지 못해서 정의를 내세우지만, 이는 명목상의 정의일 뿐이다. 정치인들은 전쟁을 정당화할 이유를 끊임없이 찾아낸다.

게다가 애국심만으로는 충분하지 않아서 증오와 분노의 감정을 일으켜야 한다. 실제로는 전쟁 상대국에 선전포고를 한다고 해서 국민이 그 나라에 적대감을 느끼지는 않는다. 이 점에 대해서는 나중에 문제 삼겠지만 국가가 국민의 결속을 위해 애국심이나 증오, 적의, 분노를 이용하는 것이다.

침묵시키려는 사람들을 주목하라

———

사람들을 강제로 연결하기 위해 스포츠도 이용 대상이 된다. 텔레비전에서 어느 스포츠 경기 해설위원이 "올림픽의 메리트는 국위선양에 있다"라고 말하는 것을 듣고, 올림픽 헌장도 모르는 사람이 있구나 싶어 놀란 적이 있다.[31] 헌장에 위배되는 국위선양을 목적으로 올림픽 경기를 이용하는 것이다.

다들 올림픽에서 자국 선수가 메달을 따기를 응원하지만 나는 자국 선수의 승리를 온 국민이 응원하는 분위기를 좋아하지 않는다. 물론 스포츠 관전을 즐기는 건 아무 문제가 없지만, 경기에 관심을 갖지 않는 사람을 이상하게 보거나 열광적인 분위기 속으로 끌어들이려 하는 건 연결의 강요로 느껴진다.

올림픽의 목적은 우리나라 선수가 메달을 땄을 때 온 국민이 하나 됨을 느끼는 것이다. 선수가 훌륭한 연기를 해서 높은 점수를 맞는 순간을 보면 감동한다. 하지만 우리 국민이 꼭 그 메달을 따야 할 이유는 없다. 우리나라 선수가 이기기를 바라면 다른 나라 선수의 실패를 기대하게 된다. 그래서 스포츠를 말할 때 전쟁에 빗대기도 한다. 외부에 적을 만드는 대신 내부를 갈라놓기도 한다. 젊은 사람들이 코로나 바이러스를 퍼뜨린다는 소문이나, 노인들 때문에 젊은이들이 희생되고 자유를 빼앗기며 연금을 받지 못할 거라는 불만이 청년층과 노년층을 갈라놓듯이 말이다.

이러한 갈라치기가 일어나면 국가가 하나로 뭉치지 않으니 의미가 없을 것 같지만, 위정자의 입장에서는 국민을 지배하는 데 유용하다. 지배받는 사람들의 결속이 약해지면 위정자에게 분노의 화살이 향하지 않고 분노의 강도가 약화되어 반란을 막을 수 있기 때문이다.

또, 반대자를 배제하면 그 나머지 사람들이 뭉치게 된다. 일본에서는 아베 신조의 국장에 찬성하는 정치인이 있었다. 그는 국장에 반대하는 사람에게 국민이 아니라는 속성을 부여하여 (앞에서 다룬 '속성 부여' 참고) 반대하는 국민을 배제하고 나라를 획일화하려 했다. 그러나 이견을 배제하고 단합을 이루었다 해도, 그런 사회에서는 사람들이 연결되어 있는 것처럼 '보일' 뿐

제4장 주변 관계를 점검하는 법

이다.

자국 선수를 응원한다는 허울 좋은 취지 아래, '난 관심 없다'고 말할 수 없는 분위기가 형성된다면, 이는 프롬의 표현에 따르자면 보이지 않는 익명의 권위를 강요하는 것이다. 그런데 반대하기 어려운 분위기나 여론은 그게 필요하다고 여기는 사람이 만들어낸 것이지, 사실 익명이 아니다. 눈에 보이는 권위에 억지로 굴복하지 않으려는 사람도 자발적으로 애국자가 되는 걸 선호한다. 하지만 사실은 그렇게 하도록 강요하는 사람들의 존재가 감추어져 있을 뿐이다.

자발적 선택은 과연 자발적일까

————

통제당하고 있다는 사실을 인식하지 못하면 저항하기 어렵다. 정부가 사안을 국민 개인의 판단에 맡길 때는 두 가지 이유가 있다.

하나는 자발적으로 선택하게 하기 위해서다. 이때 선택하게 된 사람은 자발적으로 선택한 것이 아니다. 자녀를 자립시키는 과정을 떠올리면 이해가 쉽다. 부모가 바라는 쪽으로 자녀의 진로를 준비하고는 그 레일 위에서 자녀가 자발적으로 선택하기를 바란다. 이때 자녀의 선택은 자발적으로 이루어진 것이라고 할 수 없다.

또 하나는 선택에 대한 책임을 지지 않기 위해서다. 어떤 일을 할지 말지는 스스로 결정하는 수밖에 없다. 따라서 그 일에 대한 책임은 자신에게 있다. 선택한 결과가 잘못되어도 자기 책임인 것이다. 그런데 어떤 사람들은 책임질 수 없는 일까지 책임지라고 한다.

부모와 자식 간의 문제로 보자면 부모는 자식에게 네 인생이니 스스로 선택하라고 하지만 또 모든 부모가 그렇지는 않다. 자녀가 남들처럼 성공하기를 바라는 부모는 자녀가 대학에 가지 않는다고 말하면 화를 낼 것이다. 그렇지만 자녀가 부모가 원하는 삶을 선택했는데도 어떤 문제로 곤란을 겪으면 그것은 결국 자녀의 인생이므로 자녀가 책임지게 된다.

철학자 다나베 하지메田辺元는 전쟁터로 향하는 학생들에게 "자발적으로, 자유롭게 죽어서 죽음을 초월한다"[32]는 말로 참전을 정당화했다. 실상은 국가가 학생들에게 나라를 위해 싸우고 죽으라고 강요한 것인데도 다나베는 '자발적으로 협력하게 한다'라고 말했다. 무엇에 협력하게 하려고 했나? 국가의 단결에 협력하게 하려고 했다. 협력을 강요당한 사람은 자발적으로 협력한 것이 아니다. 하지만 '자발적으로' 협력하라고 강요당한 사람은 자신이 자발적으로 협력했다고 여길 수 있다.

제4장 주변 관계를 점검하는 법

관계에 칼을 던져라

사람과 사람은 본래 연결되어 있지만, 아무것도 하지 않은 상태에서 타인과 연결될 수는 없다.

부모와 자식 관계를 생각하면 알 수 있다. 부모와 자식이라는 이유만으로 부모가 자식과, 자식이 부모와 연결되어 관계가 성립하는 것은 아니다. 오히려 부모와 자식은 사이가 가깝기 때문에 다른 관계보다 좋지 않을 때가 많다.

부모는 아이에게 착한 아이가 되라고 가르친다. 그러면서 아이가 공부를 잘하고 부모 말을 거역하지 않기를 기대한다. 이때 아이도 부모의 기대에 부응하려 하고 반항하지 않는다면 언뜻 보기에는 좋은 부모·자식 관계를 맺을 수 있다. 하지만 이런 좋은 관계는 아이가 부모 말을 따르는 것이 당연하다고 생각하는 동안에만 가능하다.

철학자 미키 기요시는 예수의 말을 인용한다.[33]

내 땅에 평화를 던지러 왔다고 생각하지 마라. 평화가 아니라 칼을 던지러 왔다. 내가 온 것은 사람을 그의 아버지에게서, 딸을 어머니에게서, 며느리를 시어머니에게서 갈라놓기 위함이다.

이는 《마태복음》에 나오는 구절로, 예수는 '평화'가 아니라 '칼'을 던지기 위해, 부모와 자식, 며느리와 시어머니를 갈라놓기 위해 자신이 이 땅에 왔다고 한다. 이 구절을 인용하기 전 미키 기요시는 이렇게 말했다.

> 억지를 부리거나 자기를 주장하거나 반항하는 것이 그 자체로 잘못된 것은 아니다.[34]

그가 자기주장이나 반항을 무조건 긍정하는 것은 아니다. "잘못된 것은 어떤 점에서 억지를 부리는가, 어떻게 자기주상을 하는가, 또 어떤 일에 반항하는가와 관련이 있다"[35]고 그는 말한다.

관계를 제대로 세우기 위해서는 반항까지는 아니더라도 자기주장을 할 수 있어야 하며, 부모의 말이라고 해서 무비판적으로 받아들여서는 안 된다. 자신이 하고 싶은 말을 하지 않고 억누르는 것이 문제다.

내가 상담했던 젊은이들은 대부분 부모의 말을 거역하지 않는 '착한 아이들'이었다. 그들은 부모가 부당한 말을 해도 반항하지 않는다. 자녀가 아무 의심 없이 부모의 말에 순종하면 겉으로는 전혀 문제가 없는 좋은 사이처럼 보이지만 이는 거짓 관계다.

이런 관계는 한 번쯤 깨질 필요가 있다. 관계를 나쁘게 만든다는 뜻이 아니다. 아이가 부모에게 반항하고 등을 돌리는 것이 좋다고 말하는 게 아니다. 사람과 사람이 진정으로 연결되기 위해서는 기존 관계를 점검해볼 필요가 있다는 뜻이다.

부모와 자식이라는 이유만으로 좋은 관계를 맺을 수는 없다. 좋은 관계처럼 보여도 일단 관계의 본질을 인식해야 한다. 그것이 예수가 말한 '칼을 던진다', 부모와 자식의 관계를 '갈라놓는다'는 것의 의미다. 다시 말해 관계를 재검토한다는 뜻이다. 관계를 갈라놓는 것이 최종 목표는 아니다. 관계의 존재 방식을 짚어보고 거기에서 좋은 관계를 구축해야 한다. 어떻게 하면 좋을지는 뒤에서 생각해보기로 한다.

'하는' 쪽에 서는 사람

———

부모와 자식 관계에서는 문제를 느끼면 반발하던 사람도 더 큰 공동체 안에서는 '하는' 쪽에 서는 사람이 있다. 즉 권력 또는 체제가 '하는' 편에 서는 것이다.

예컨대 세금을 올리면 생활이 당장 어려워지는데도 증세는 어쩔 수 없다, 증세는 방위비를 늘리기 위해 필요하다고 말한다. 그런 사람은 전장에 나갈 일이 전혀 없는 정치가와 같은 입장에 서서 말하는 것이다. 그들은 증세가 되더라도 국가를 위해 협력할 수 있는 일은 하고 싶다고 말한다.

다시 말해 스스로 생활인으로서 생각하지 않는 것이다. 지금 자신에게 일어나고 있는 일이 강 건너 불구경처럼 남의 일이라고 여기기 때문에 평론가처럼 분석하고 논평한다.

이런 위정자 편, 즉 '하는' 편에 서서 생각하는 사람은 자신이 지배당하고 있다는 사실을 깨닫지 못한다. 이는 무비판적으로 타인과 연결되어 있는 사례라고 할 수 있다.

공동체가 유지되기 위해서는 질서가 필요하다. 불문학자 와타나베 가즈오渡辺一夫는 이렇게 말했다. 그 질서를 어지럽히는 사람에 대해서는 사회적인 제재를 당연히 가해야 한다. 다만 그 제재는 어디까지나 인간적이어야 하고, 질서의 필요를 납득할 수 있는 제재가 되어야 한다.**36**

제재라는 말이 편하게 들리지는 않지만 여기서 말하는 인간적 제제란 예컨대 도로에서 모두가 원활히 다니도록 하기 위한 교통법규와도 같다. 교통법규를 지키지 않는 사람에게 가하는 제재는 폭력이 아니다. 규칙을 지키지 않으면 틀림없이 사고가 일어나므로 질서를 위해 규칙 위반자를 향한 제재는 당연히 필요하다.

국가의 법은 폭력적인 것이어서는 안 된다. 그 법이 진정으로 질서를 만드는 데 유용하지 않다면 인간적인 법이 아닌 폭력적인 법이 된다. 유용하지 않은 법이라면, 그런 법을 지키지 않는다 하더라도 그건 질서를 어지럽히는 것이 아니다. 그런 사람에게 가해지는 제재는 폭력이다.

와타나베 가즈오는 기성 질서를 유지하려는 사람은 그 질서를 통해 안녕과 복지를 얻고 있지만, 자신이 혜택받는 질서가 영원히 올바른 것인지를 깊이 생각해야 한다고 말한다. "질서를 따르는 사람들은, 기존 질서의 결함을 유독 깊이 느끼거나 그 결함의 희생양이 되어 고통받는 사람들이 있음을 충분히 가려낼 의무를 가져야 할 것"[37]이라고 강조하는 것이다.

그 질서에 결함이 있다고 생각하는 사람을 배제할 게 아니라, 그런 사람이 있다는 것을 인식하고, 법률에 의해 유지하려는 질서가 올바른 것인지 늘 물어야 한다. '기성 질서의 결함을 유독 깊이 느끼거나 그 결함의 희생양이 되어 고통받는 사람들'이 있다면, 그것은 그들의 문제만이 아닌 모두의 문제다.

이 원고를 쓰는 동안에 일어난 일을 예로 들면, 정부가 국민 개개인의 의사와 상관없이 마이넘버카드(정식 명칭은 '개인번호카드'로 일본의 IC 카드 신분증을 말한다―옮긴이)를 획일적으로 상용화시키려 하고 있다. 정부는 이 카드를 보험증과 통합해서 보험증을 없애고, 다른 걸로 본인 확인을 할 수 없게 했다. 이것은 인간적 방식이 될 수 없다. 마이넘버카드로 만들려는 지배 사회의 질서에 결함이 있다고 보고 카드를 거부하는 사람은 질서를 어지럽히려고 그러는 것이 아니다.

관용 없는 사람에게 관용을 베풀어야 하는가

───────

규칙이나 법은 본래의 취지대로라면 질서 유지에 필요한 것이다. 그런데 그것이 폭력적으로 느껴지는 이유는 법의 준수를 요구하는 사람의 무반성, 오만, 기계성 때문이라고 와타나베는 말한다. 그는 법규를 방패 삼아 약한 사람을 괴롭히는 사람, 교차로에서 고함치는 경찰관을 예로 들면서, 지금 시대는 정치인이 조금도 이성적이지 않고, 많은 국민의 반대에 귀를 기울이려 하지 않으며 '질서의 필요성을 이해하지 못하는' 법률과 규칙을 강요한다고 말한다.

지금 인용하고 있는 와타나베 가즈오의 글 제목 〈관용은 스스로를 지키기 위해 불관용에 대해 불관용이 되어야 하는가〉라는 물음에 대한 답은 이렇다. "관용은 스스로를 지키기 위해 불관용에 대해 불관용이 되어서는 안 된다."

기성 질서에 결함이 있다면 그것을 따르지 않는 사람에게 관용이 없다고 말할 수 없다. 오히려 비인간적인 제재로 질서를 강요하는 사람에게 관용이 없다고 할 수 있다. 그런 사람(또는 정권)을 어떻게 대할 것인가. 설득을 시도하는 수밖에 없다.

관용과 불관용이 맞설 때 우리가 할 수 있는 일은 무엇인가? 관용은 언제나 무력하고 패배하기 마련으로, 이는 정글에서 맹수에게 습격당하는 것과 같다. 단, 맹수는 설득할 수 없지만 관용이 없는 사람은 설득할 여지가 전혀 없지는 않다. 거기에는 '약간의 희망'[38]이 있다.

물론 설득은 어렵다. 와타나베는 관용과 불관용의 문제는 "이성이니 지성이니 인간성이니 하는 것을 서로 전제할 수 있는 인간들 사이에서 논의되어야 하는 일"이며, "보통 인간을 중심에 두고 먼저 생각해봐야 한다"고 말했다.

정치가 중에 이성적인 '보통 인간'도 있을 테니 힘들어도 포기하지 말고 설득해야 한다. 단, 그전에 정치가의 생각을 무비판적으로 받아들여서는 안 된다. 물론 정치가가 다 잘못한다는 건 아니지만, 정치가와 쉽게 연결되지 않을 각오가 필요하다.

별문제 없는 관계를 돌아보라

──────

《마태복음》에 실린 예수의 말을 하나 더 보자.

내가 율법과 선지자를 폐하러 왔다고 생각하지 마라. 폐하러 온 것이 아니라 성취하러 온 것이다. 단단히 이르노니, 하늘과 땅이 멸망할 때까지 율법의 한 점, 한 획도 없어지지 않고 다 이루어질 것이다.

앞에서 예수는 칼을 던지러 왔다고 했지만, 이것이 사람이 서로 적대시한다는 의미는 아니다. 다만 부모와 자식 관계에서 자식이 부모에게 복종하는 것이 당연하지 않다는 사실을 깨달으면 관계가 삐걱거릴 수 있다.

또한 예수가 율법을 폐하기 위해서가 아니라 성취하기 위해서 왔다는 것은 참된 율법 또는 율법의 정신을 성취하기 위해 왔다는 뜻이다. 유대교에서는 율법의 계율을 지키는 것을 중시하지만, 이는 예수의 시대에 이미 유명무실해졌다.

다시 말하지만 부모와 자식이라고 해서 다 좋은 관계는 아니다. 부모와 자식이 서로 사랑하는 것이 당연하다고 여기면 부모가 자식을, 자식이 부모를 사랑하지 못할 때 서로가 힘들어진다.

부모가 아이에게 반항하게 하는 말을 하지 않으면 아이는 반항하지 않는다. 누구나 반항기를 거친다는 말이 있지만, 반항기라는 건 없다. 그저 반항하게 만드는 부모가 있을 뿐이다. 그런데 부모가 부당하고 불합리한 말을 하는데도 아이가 반발하지 않고 받아들인다면 그것은 문제다. 그런 경우는, 아이가 부모의 부당한 말이나 행동에 반발하는 것이 좋다. 반발하지 않으면 그 아이가 자라서 부모가 되었을 때 자신이 부모에게서 들은 말을 아이에게 할 수 있기 때문이다.

부모에게 학대를 받고 자란 사람에게 당신의 부모는 형편없는 부모라는 식으로 말했을 때, '그렇지 않다, 내 부모는 좋은 부모다'라고 반발하는 경우가 있다고 앞에서도 언급했다. 그렇게 자신이 부모에게 사랑받으며 자랐다고 여겨서 똑같이 아이를 학대하는 부모도 있다. 이렇게 학대는 대물림된다.

직장에서도 마찬가지다. 단 한 사람이라도 이건 아니야, 라고 반기를 드는 사람이 있다면 그렇게 칼을 맞은 공동체의 단합심과 연대감은 사라질지도 모른다. 하지만 단합심과 연대감을 잃는 것이야말로 진정한 연결, 진정한 질서를 만드는 출발점이다. 그래서 별생각 없이 쌓아온 관계를 재검토해야 하는 것이다. 이것이 예수가 말하는 '칼을 던진다', '관계를 갈라놓는다'는 의미다.

제 5 장

벗어나야 다시 시작할 수 있다

다른 관계를 모색하자

———

　부모와 자식으로 태어난 것만으로는 진정한 관계를 형성할 수 없다. 그래서 이 관계에 '칼을 던질' 필요가 있다. 그렇다면 진정한 관계란 어떤 것일까? 우리가 타인, 구체적으로는 자녀나 학생, 동료나 부하 직원과 어떻게 관계 맺으면 좋을까? 이제부터 다룰 이야기이다. 어떤 관계를 맺어야 하는지 알지 못하면 관계를 바꿀 수 없다.

　인간관계의 본질에 대해 제대로 인식하지 않으면 인간관계는 의존하거나 지배하는, 둘 중 하나의 관계가 되기 십상이다. 남에게 의존하고 싶은 사람을 지배하는 건 쉬운 일이다. 이 의존과 지배 관계는 수직관계다. 어른이 아이를, 상사가 부하 직원을 꾸짖을 때 그 관계는 수직관계다. 상대를 자신보다 낮게 보니까 야단을 칠 수 있는 것이다.

칭찬하는 것도 상대를 내려다보기 때문이다. 칭찬은 평가이지만 객관적이고 공평한 평가라기보다는 상대의 무능력을 전제로 한다. 즉, 불가능하다고 생각했는데 해냈다는 사실에 놀라는 것이다. 따라서 칭찬을 받더라도 수직관계의 밑에 놓이는 것이니 좋게만 여길 수 없다.

의존과 지배가 아닌 다른 관계는 없을까? 바로 수직관계가 아닌 수평관계, 자립적이고 대등한 관계다. 다만 의존과 지배 관계밖에 모르는 사람이 대등한 관계가 어떤 건지를 알기란 어렵다. 그러니 이제부터 대등한 관계가 어떤 관계인지, 어떻게 관계를 맺어야 하는지 생각해보자.

독립은 반항에서 시작된다

인간관계에서 자신이 누구 아래에 위치하는 것은 많은 사람이 경험하는 일이다. 부모와의 관계에서 아래에 있는 것이 싫었던 사람이 어른이 되면 아래에 있기를 오히려 바라기도 한다. 이미 보았듯이 명령하는 사람에게 순종하면 책임을 지지 않아도 되기 때문이다. 상사가 하는 말이 틀려도, 혹은 상사의 비리를 봐도 아무 말도 하지 않고, 하고 싶은 말이나 해야 할 말도 하지 않는다. 그렇다면 진정한 관계를 형성하기 위해 무슨 일을 할 수 있을까? 인간관계의 관점에서 보자면 자신의 말이나 행동에 책임질 각오를 하는 것이다.

모든 관계를 상하관계로 판단하는 사람을 종종 볼 수 있다. 손원평의 《서른의 반격》이라는 소설에는 문화센터 이야기가 나온다. 문화센터에서 강사는 앞자리에 앉고 수강생은 강사를 마주 보는 자리에 앉는데, 앞자리에 앉으면 자신이 위라고, 잘 났다고 착각하는 사람이 있다는 지적을 하는 사람이 등장한다.

세월호 사건이 일어난 뒤에 지식인들이 쓴 책 《눈먼 자들의 국가》에서 소설가 배명훈은, 질문에 대답해야 할 위치에 있는 사람들이 질문하는 사람 자리로 슬쩍 바꿔 앉는 순간 세상은 붕괴한다고 썼다.[39]

일본에서는 기자회견 같은 자리에서 원래 대답해야 하는 사람이 대답하지 않고 "답변은 삼가겠습니다"라고 태연하게 말하는 일이 많다. 그런 태도가 '위'에 있는 사람에게는 허용된다고 생각하는지, 질문하는 기자도 순순히 받아들인다.

하던 이야기로 돌아가면, 어디에 앉느냐에 따라 자신이 위인지 아래인지를 생각할 정도로 상하관계라는 발상에서 벗어나지 못하는 사람이 많다. 앞에서, 교문에서 아이를 기다리던 부모의 사례를 보았다. 엄마가 자신을 좋아하느냐고 물었을 때, 아이가 엄마를 좋아하지 않는다고 말했는데도 엄마는 아이가 엄마를 좋아한다는 속성을 부여했다는 이야기다.

이때의 반응은 부모마다 다를 수 있다. 아이가 좋아하지 않는다고 말했을 때 받아들이지 못하는 부모도 있다. 왜 그런 생각을 하는지 아이가 말하지 않으면 부모는 알 수 없다. 무슨 생각을 하는지는 알지 못해도 결국에는 아이가 부모를 어릴 때처럼 좋아하지 않는다는 사실을 받아들이는 수밖에 없다. 육아의 목표는 자립이다. 따라서 어떤 방법으로든 아이가 부모에게서 멀어지면 그것은 교육이 성공했다는 뜻이다.

아이가 자신에게서 멀어지는 것이 부모 입장에서는 외롭고 슬픈 일이겠지만 그 감정은 부모가 스스로 해결해야 하는 과제다. 아이에게 해결을 떠넘길 수는 없다. 네가 그렇게 말하면 엄마는 서운하다며 사랑한다고 말하게 하는 식으로 자신이 해결해야 될 일을 아이에게 해결하게 할 수는 없는 것이다.

아이는 부모의 속성 부여를 받아들일 필요가 없다. 앞서와 같은 상황인데 조금 다른 경우를 보자. 학교에 마중 나온 엄마가 아이를 안아주려고 팔을 벌렸지만 아이는 약간 떨어진 채 서 있었고, 그 모습을 본 엄마가 이렇게 말했다.

"넌 나를 좋아하지 않는구나."

"응."

그러자 엄마는 아이를 손바닥으로 때렸다. 심한 대응이라고 생각하는 사람이 많겠지만, 아이는 맞는 순간 부모와 분리된

'타자'가 됐다. 물론 그 계기는 부모에게 좋아하지 않는다고 말한 것이었다. 이로 인해 부모와 아이 사이에 거리가 생기고, 아이는 독립된 인격이 되었다.

그때까지 부모는 아이에게 넌 순종적인 아이, 넌 착한 아이라고 말하며 속성을 부여했다. 그런데 아이가 거부하자 부모가 받아들이지 못하고 얼떨결에 아이를 때렸다. 그때 아이는 부모의 속성 부여에서 벗어날 수 있었다.

부모의 속성 부여를 받아들이지 않으면 부모와의 친밀감은 사라지고 외로워질 수도 있다. 하지만 부모한테서 자립하고 자유를 손에 넣기 위해서는 꼭 필요한 절차다.

자녀, 손주, 혹은 직장의 젊은 사람들이 부모나 조부모, 상사에게 반항한다면, 즉 무슨 말을 하든 고분고분 따르지 않고 자기 의견을 말하게 되었다면, 그건 자신과 분리된 존재가 되었다는 의미이며 반겨야 할 일이다.

예스맨은 유능한 직원이 아니다

———

직장에서도 똑같은 일이 일어난다. 어떤 지시에도 반대하지 않는 예스맨은 어린아이처럼 상사와 분리된 존재가 아니며 상사에게 의존하는 존재다. 부하 직원이 상사의 말을 하나도 비판하지 않고 그대로 받아들인다면 기뻐할 일이 아니다. 만약 주위를 둘러보고 예스맨밖에 없다면 그건 자신의 이상을 부하 직원에게 강요하고 있으며 부하 직원이 그 이상에 따라 일하고 있다는 뜻이다. 그런 곳에 정말로 유능한 부하 직원은 없다.

상사는 부하 직원이 순종적이고 무엇이든 자신이 지시하는 대로 행동하기를 바랄지도 모른다. 하지만 부하 직원이 자신에게 반대하지 않고 순종적으로 행동한다면 주의가 필요하다. 부하 직원이 뜻대로 되지 않는다면 오히려 바람직하다. 이렇게 말하는 이유는 무엇일까?

상사가 '이 부하 직원은 내 지시에 순순히 따르는 유능한 부하 직원이다'라는 속성을 부여하면, 유능하다는 말에 기뻐하는 직원도 있겠지만 실제로는 유능하지도 않은데 유능하다는 속성 부여에 부담을 느끼는 직원도 있다. 그래서 상사의 지시를 따르는 것으로 호감을 사려 한다.

하지만 진정으로 유능한 직원이라면 상사의 지시를 항상 따라서는 안 된다. 상사의 지시가 잘못되었다면 따라서는 안 된다. 상사의 지시를 순순히 따르지 않는 것은 능력이 있다는 증거다. 그런 직원을 유능하다고 인정하려 하지 않는 상사가 있는데, 부하 직원이 유능하면 자신이 무능하다는 사실이 드러날 수도 있기 때문이다.

예스맨이 되어서는 안 된다. 상사가 보기에 자기 의견을 주장하는 부하 직원은 때로는 성가신 존재지만, 부하 직원이 상사를 넘어서도록 지도하는 것이 상사의 일이다.

나도 잘못할 수 있다는 자각

앞서 에리히 프롬이 권위를 합리적인 것과 비합리적인 것으로 나누었다고 했다. 가장 큰 문제는 자신이 비합리적인 권위에 복종하고 있다는 사실을 자각하지 못하는 경우다. 비합리적인 권위를 가진 사람에게 복종하려 한다는 사실을 자각하지 못하면 복종을 멈출 수 없다.

프롬은 나치의 유대인 대학살 책임자인 아돌프 아이히만을 예로 들었다. 그는 전형적인 조직인이며, 남성, 여성, 어린이를 단순히 숫자로 취급하는 소외된 관료의 상징이라고 평했다. 아돌프 아이히만은 자신이 한 일을 말한 뒤에도 자신이 무슨 짓을 저질렀는지 자각하지 못했다. 그래서 자신은 무죄라고 굳게 믿었다.

프롬은 이렇게 말했다.

만약 그가 다시 같은 상황에 처한다면, 그는 똑같은 일을 되

풀이할 것이 분명하다. 그리고 우리도.[40]

그는 전혀 반성하지 않았고 자신은 무죄라고 생각했으니 또다시 똑같은 짓을 저지를 것이다.

우리도 별반 다르지 않다. 즉 상사가 시킨 일을 비판 없이 그대로 받아들이고 그것을 자신의 일이라 여겨 실행하는 조직인으로서의 입장에 의문을 품지 않는다면 아이히만과 같은 행동을 할 것이다.

이런 주장을 한 프롬은 비판을 받았다. 우리도 똑같은 일을 저지를지도 모른다고 하면 비판의 대상이 모호해져서 죄를 지은 사람을 용서하고 책임을 모호하게 만들 수 있다는 이유에서였다.

그러나 타인을 단죄한다고 문제가 해결되지는 않는다. 특별한 사람이 한 행동이 아니라 누구나 같은 상황에 처한다면 같은 행동을 할 가능성이 있다고 생각해야 한다. 그러지 않으면 재발을 방지하기 위해 뭘 해야 하는지 생각하지 못하고 같은 일이 반복될 것이다.

문제를 남의 일이라고 생각해서는 안 된다. 나는 아이히만이 했던 것과 같은 일은 결코 하지 않으리라고 단언해서도 안 된다. 복종하지 않을 용기를 잃고 양심의 가책을 느끼지 않는 조직인이 비단 아이히만만은 아니니까 말이다.

복종하지 않을 용기

한 대학생이 폭식증 문제로 상담받으러 온 적이 있다. 어느 날 그 학생이 말하길, 지난해에 열흘 동안 학교에 가지 못했던 일을 떠올리면 기분이 나빠진다고 했다.

대학생이 열흘간 결석하는 것이 그리 큰 문제인가 싶어 이유를 물었다. 그러자 자기는 학교에 가고 싶지 않았는데 엄마가 말하길, 부모가 학비를 내고 있으니 쉬어서는 안 된다며 학교에 가라고 명령했다고 한다.

심리상담을 받으러 오는 젊은 사람들 중에는 어릴 때부터 부모에게 말대꾸 한번 한 적이 없는 사람이 많다. 부모가 학교에 가라고 해도 본인이 가기 싫다면 가지 않겠다고 말하면 될 텐데, 그 학생은 부모의 말도 일리가 있다고 생각했다. 그래서 집을 나섰지만 학교에 가지 못하고 학교와 집 사이에 있는 공원이나 찻집에서 시간을 때우다가 저녁에 아무 일도 없는 듯 집으로 돌아왔다. 그런 날이 열흘이나 이어졌다. 학생은 그때 일을 떠올리면 기분이 나빠진다며 한숨을 쉬었다.

학교에 가지 않으면 강의를 들을 수 없고, 그러면 시험에서 좋은 성적을 받지 못하고 낙제할 수도 있다. 따라서 내 생각에는 학교에 가는 편이 낫다고 보지만, 학교에 갈지 안 갈지는 본인 스스로 결정해야 한다. 그걸 스스로 결정할 수 없다면 구직

활동을 비롯하여 앞으로의 인생을 어떻게 살아갈지도 스스로 결정할 수 없다. 모든 걸 부모의 결정에 따라야 한다면 자신의 인생이 아닌 부모의 인생을 살아야 하는데 그래도 괜찮은가. 나는 그런 이야기를 그 학생에게 했다.

학생은 부모에게 허락을 구하지 않아도 자신이 결정할 수 있는 일과 결정해야 하는 일이 있다는 사실을 깨달았다. 좀 더 일찍 깨달았어야 했으나 주변 어른들의 영향이 너무 커서 따르는 것에 익숙해진 바람에 스스로 결정할 생각을 하지 못했던 것이다.

그동안 부모에게 의존하고 부모가 시키는 대로 했다는 사실을 깨달은 그 학생은 조금씩 자립하여 부모의 눈치를 보지 않고 스스로 결정할 수 있게 되었다. 의존과 지배 관계에서 벗어나려면 이러한 자립이 필요하다.

프롬은 이를 '불복종*disobedience*'이란 말로 표현했는데, 이렇게 복종하지 않을 용기를 가져야 한다. 불복종이 반드시 반항을 의미하지는 않는다. 다만 부모의 말이라도 그대로 받아들일 필요는 없다.

어떤 부모는 아이를 자신이 원하는 대학에 보내려고 했다. 그러자 평소에는 아무 말도 하지 않던 고등학생 딸이 "내 인생이니까 내가 결정하게 해달라"고 했다. 이 말을 듣고 시키는 대로 할 줄 알았던 부모는 딸의 말을 듣고 놀랐다. 이어서 딸은 이렇게 말했다.

"만약 아빠가 가쳤으면 하는 대학에 들어갔다가 4년 뒤에 이런 대학에 오지 말 걸 그랬다는 생각이 들면 그때 난 아빠를 평생 원망할 텐데, 그래도 괜찮겠어요?"

만약 아이가 부모가 권하는 인생을 살았다면 아이는 부모의 말에 순순히 따랐다는 책임이 있어 실제로 저런 식으로 말하며 부모에게 책임을 전가할 수 없다. 하지만 부모의 말에 순순히 따르지 않고 스스로 결정하면 자신의 인생을 사는 데 따른 책임을 져야 한다.

부모가 시키는 대로 사는 아이는 착한 게 아니라 자신의 인생을 사는 데 따르는 책임을 지고 싶지 않은 것이다.

반발하라, 자신을 위하여

———

앞서 말한, 학교에 가지 않은 대학생은 왜 폭식증에 걸렸을까. 아들러는 신경증은 마음의 병이라기보다는 '상대'가 있다, 즉 누군가를 향한 것이며 그 상대와의 관계 속에서 증상을 필요로 한다고 보았다. 따라서 관계 문제를 해결하지 않고 해당 증상만 없앨 경우 "신경증 환자는 놀라울 정도로 신속하게 증상을 없애고 한 치의 망설임도 없이 새로운 증상을 익힌다."[41]

그래서 그 학생을 둘러싼 인간관계에 초점을 맞춰 대화를 나누다 보니 역시나 어머니 이야기가 나왔다. 폭식증의 목적이 무엇이었을까. 그 학생은 다른 일이라면 무엇이 되었든 부모의 말을 들었을 것이다. 그리고 학교를 쉬면 안 된다, 학교에 가라는 말을 들었을 때도 비록 학교에 가지는 않았지만 어머니가 시키는 대로 집을 나왔다. 하지만 사실은 부모가 시키는 대로 하고 싶지 않았기에 체중만큼은 부모가 통제하지 못하게 하려고 폭식증이라는 증상이 나타난 것이다.

그러나 부모가 학교를 쉬는 것에 반대한다고 해서 자녀가 폭식증에 걸릴 필요는 없다. 젊은이들의 이야기를 듣다 보면 늘 안쓰러운 마음이 든다. 부모에게 반발하기 위해 자신만 불이익을 당하거나(학교에 가지 않으면 곤란한 것은 본인이다) 자신의 몸을 해치니 말이다. 이런 식으로 반발하는 자녀는 더욱 부모에게 의존하게 된다. 부모가 자녀의 상태를 보고 걱정하지 않을 리가 없기 때문이다. 이제 네가 원하는 대로 살라고 부모님이 말해주길 바라는지도 모르지만, 자신이 어떻게 살지는 스스로 결정하면 그만이다. 부모의 마음을 흔들 필요는 없다.

그 학생은 어떻게 해야 했을까? 부모에게 "학교에 가지 않겠다"고 분명하게 자기 뜻을 밝혀야 했다. 물론 부모는 자식이 자신의 말을 듣지 않는 것에 놀라고 화를 낼 수도 있지만, 그 부분은 부모가 스스로 해결하는 수밖에 없다.

제 6 장

기꺼이　고독해질　것

지금 우리에게 필요한 것

————

순종적인 아이에게 부모는 권위다. 교사가 에리히 프롬이 말하는 의미에서 합리적인 권위라고 해도 학생이 교사의 말에 아무런 의문을 갖지 않으면 교사의 권위는 비합리적인 권위가 된다. 권위에 복종하지 않기 위해서는 무엇이 필요한가. 프롬은 이렇게 말했다.

이성에는 연관 짓는 힘과 자기 감각이 필요하다. 만약 내가 인상이나 사고나 의견의 수동적 수신자에 불과하다면 그것들을 비교하거나 조작할 수는 있어도 꿰뚫어볼 수는 없다.[42]

프롬이 말한 '수동적인 수신자'를 아들러는 반응자*reactor*라고 말한다. 인간은 외부에서 자극을 받거나 외부에서 일어난 사건을 받아들이고 거기에 반응한다. 이렇게 생각하는 사람이 많은데 사람은 그저 외부의 것을 받아들이는 수동적인 존재가 아니라 행위자actor다. 번역어로는 아쉽게도 reactor에 actor가 포함되어 있다는 사실을 알기 어렵지만, 어쨌건 인간은 외부의 인상을 받아들이는 데에 그치지 않고 어떻게 행동할지를 결정할 수 있는 존재다.

인간은 외부의 것을 이성(프롬의 용어로 *reason*)적으로 받아들이고 그것이 무엇이며 진리인지를 판별, 판단한다. 받아들이기만 해서는 안 된다. 이성에 의해 타인의 생각이나 상식이 진실인지를 판단하지 못하면 인간은 권위에 복종하게 된다.

의존을 하면 혼자서는 아무것도 판단할 수 없게 된다. 프롬은 표면에 있는 것을 발견하는 데 머물지 말고 안쪽까지 꿰뚫어봐야*penetrate* 한다고 말한다. 그렇게 해야 사물의 본질이나 핵심을 파악할 수 있는 것이다.

'나'로 존재하기

———

이어서 프롬은 내가 '나'일 때에만 이성을 활용할 수 있다고 말한다.

데카르트는 개인으로서의 나의 존재를 내가 생각한다는 사실로부터 추론했다. 그는 '나는 의심한다. 그래서 나는 생각한다. 나는 생각한다. 고로 나는 존재한다'고 논했다.

이것의 반대도 진실이다. 내가 나이고 내가 '그것' 안에서 나의 개성을 잃지 않았을 때에만 나는 생각할 수 있다. 즉 나의 이성을 활용할 수 있다.[43]

내가 '나'로 존재하고 내가 '그것' 안에서 개성을 잃지 않았을 때에만 나는 생각할 수 있는 것이다. 그런데 '그것'은 앞에서 언급한 '타인의 생각이나 상식'이다. 일반적인 사람들 안에서 개성을 잃지 않았을 때 나는 생각할 수 있다. 어른은 아이를 의존적으로 만들고, 그 결과 어른이 되어서도 많은 사람이 '그것' 안에 매몰되어 개성을 잃어버린다.

아이들이 개성적이기를 바라지 않는 부모가 있다. 예컨대 자녀가 중학교를 졸업하는 대로 곧장 일을 하겠다고 했을 때 기를 쓰고 반대하는 부모다. 세상 대다수 사람들이 걷는 인생길을 따라야 큰 실패를 하지 않고 평범하게 살아갈 수 있다고 생각하기 때문이다. 이런 어른의 말에 설득당한 아이는 이제 '나'가 아니라 '아무개'가 된다.

프롬은 그런 교육을 받은 사람은 의견을 가질 수는 있지만 확신하지는 못하며, 즐거운 시간을 보내도 불행하다고 말한다.

나아가 그런 사람은 비인격적이고 무명인 권위를 위해 자신과 아이들의 생명을 기꺼이 바치고, 수소폭탄 전쟁에 관한 논의에서 나온 것과 같은 사망자 산정을 용인한다. 대의를 위해서라면 국민의 절반이 죽는 건 충분히 받아들일 수 있다는 둥, 3분의 2가 죽는 것은 받아들일 수 없는 일이라는 둥.

이런 주장을 하는 사람은 인간을 한낱 물건으로밖에 보지 않으며 자신이 죽임을 당할 수도 있다고는 생각하지 않는다. 인간을 개인으로 본다면 윤리적으로나 도덕적으로 이런 계산을 할 수 없을 것이다.

사람을 개인으로, 인격체로 볼 수 없는 사람은 아이히만과 같은 입장에 놓이면 아이히만과 같은 행동을 할지도 모른다. 자신을 비하하고 권위에 복종하는 사람은 자신이 단순한 '아무개'이자 숫자로 간주되는 것을 용인한다.

자신은 아이히만 같은 일은 절대 하지 않는다고 생각하는 사람도 코로나 사태에서는 사람을 물건으로 보았다. 전국에서 매일 많은 사람이 죽었는데 그저 사망자 수가 줄어드는 것만 중시하는 사람은 한 사람이 죽는다는 것이 얼마나 가혹한 일인지 모르는 것 같다. 가족 중 한 사람이 죽으면 남은 가족의 삶은 크게 달라질 수밖에 없다.

그런데 숫자에만 초점을 맞추다 보면 결국 아무것도 느끼지 못하게 된다. 이런 일이 벌어지는 것은 교육 문제도 있지만, 모르는 사이에 세상의 가치관에 세뇌되었기 때문이기도 하다. 어떤 경제학자는 일본의 고령화 문제를 해결하기 위해서는 노인들이 스스로 목숨을 끊어야 한다고 발언했다. 발언자도, 이 말에 동의한 사람도 자신은 예외로 여기는 것이리라. 자신 또한 늙는다고는 생각하지 않는다. 인간을 인격체로 보지 않는 것이 문제인데, 나중에 보겠지만 고령자를 생산성의 관점에서 유용하지 않다고 보는 것에 나는 놀라지 않을 수 없었다.

이처럼 세상의 가치관을 무비판적으로 받아들이면 나는 '나'가 아니게 되고 타인도 '개인'이 아니라 '물건'으로밖에 보이지 않게 된다.

이런 일이 일어나지 않도록 하기 위해서는 일찍부터 스스로 판단하는 능력을 기르고 이성적으로 사고할 수 있도록 하는 것이 어른의 책임이지만, 애초에 많은 어른이 이성적으로 사고하지 못한다. 그래서 인생에서 성공이나 생산성을 중시하는 가치관을 긍정하고 아이들에게 그것을 무비판적으로 받아들이게 한다. 하지만 수많은 사람이 인정하는 가치관이라도 해도 멈춰서서 생각할 줄 알아야 한다.

노인은 지금 사회에서 불필요하다는 생각을 옳다고 받아들이는 사람이 의외로 많을지 모른다고 생각하니 암담한 기분이 든다.

권위에 맞설 수 있는가

조직에 속해서 살아갈 때 권위에 따르지 않기란 어렵다. 권위에 복종하는 한 안전하다고 느끼기 때문이다. 이때, 복종하는 권위가 무엇인지는 문제가 되지 않는다.

권위에 복종하면 자신이 높은 사람이 되었다거나 강해졌다는 착각에 빠지는 사람도 있을 수 있다. 정치가와 친분이 있다고 자랑하는 사람은 자신은 가치가 없다고 공언하는 것이나 마찬가지다.

프롬은 말하길, 아이히만은 우리 모두의 상징이며 자기 안에서 아이히만을 볼 수 있다고 했다. 상사의 말이나 행동이 이상하다고 생각해도 아무 말도 하지 못하는 사람은 자기 안에 아이히만적 성향을 갖고 있다고 볼 수 있다.

요즘 들어 불합리한 일이 잇달아 일어나고 있는데, 이는 불합리한 일을 하는 사람만의 문제는 아니다. 권위에 복종하는 사람만이 살 수 있는 사회를 만들어내는 데 우리가 어떤 식으로든 가담하고 있는 것은 아닐까 생각해봐야 한다.

결정은 권위자가 하는 거라서 자기가 잘못할 일은 없다고 생각하는 사람이 있다. 권위가 지켜보고 있으니 외로울 리가 없으며, 권력이 허락하니 죄를 지을 리가 없다고 생각하는 사람도 있다. 그래서 지시받은 일이 부정한 것은 아닐까, 그 일이 자신에게 불이익을 가져오지는 않을까, 그런 짓을 하면 처벌받지 않을까 생각했다가도, 아니 괜찮아, 권위에 따르는 한 그런 일은 없을 거야 하고 권력의 지시에 따르는 사람이 요즘 세상에서는 이득을 보기도 한다.

조직에서 허위 진술을 한 사람이 일시적으로 평판이 나빠졌다가 나중에 승진하는 경우도 분명히 있지만, 그런 사람이 정말로 이득을 봤냐고 하면 그렇지 않다. 이득을 본 것처럼 보일지 모르지만, 권위자의 진짜 목적은 착취다. 자신에게 필요한 것을 빼앗으려는 의도가 기저에 깔려 있다. 실제로 부정이 발각되었을 때 상사는 부하 직원이 멋대로 했다는 식으로 아무렇지도 않게 말한다.

이런 식으로 뭔가 문제가 발각되었을 때조차 상사를 거역하지 않는 사람이 있다. 위에서 시키는 일을 하면 직장에서 고립될 일은 없다고 생각하는 것이다.

직장에 비리가 있었을 때 그것은 아니지 않느냐고 말하면 순식간에 직장의 질서나 조화가 깨지고, 상사는 물론이고 동료들에게도 좋지 않은 인상을 준다. 그리하여 일자리를 잃을지도 모른다는 두려움에 사로잡힌 사람은 입을 꾹 다물게 된다. 상사에게 좋은 평가를 받지 못하면 출세에 지장이 생길까 봐 상사의 부정을 일부러 눈감아주는 사람도 있다.

프롬은 이렇게 말한다.

자신의 이성에 따라 판단하고 결심해야 할 때, 인간은 고독해야 한다.[44]

미키 기요시도 다음과 같이 말했다.

모든 인간의 죄악은 고독하지 못한 데서 생겨난다.[45]

직장의 비리를 고발하면 직장 전체에 불이익이 가서 상사를 포함한 다른 사람의 눈 밖에 날 수도 있다. 하지만 그게 두려워서 할 말을 하지 않으면 악이 날뛰게 된다. 중요한 것은 이성으로 판단하는 것이지, 상사를 포함한 다른 사람의 눈에 자신이 어떻게 보이느냐가 아니다.

혼자여도 외롭지 않은 사람들

직장에서 뭔가 문제가 있다고 판단한 사람은 따돌림을 당하거나 해서 소외될지도 모른다. 하지만 소외되어도 외롭지는 않다. 아들러의 말을 빌리자면 지지해주는 '친구'가 있기 때문이다. 앞서 말했듯 '친구'는 독일어로 미트멘셴*Mitmenschen*이며, 사람과 사람이 연결되어 있다는 뜻이다. 아들러는 이런 상태를

'공동체 감각'이라고 한다고 앞에서 보았다. 인간은 혼자서는 살아갈 수 없다. 다른 사람이 자신의 적이 아니라 필요할 때 자신을 도와주는 사람이라고 생각하는 것이 아들러가 말하는 '공동체 감각'이다.

주변 사람들이 자신을 불리하게 만들고 자신과 대립하는 적들일 뿐이라고 생각하면 타인을 돕고 싶다는 생각이 들지 않는다. 남에게 이바지한다는 감각을 느낄 수 있어야 자신에게 가치가 있다고 생각하고 인간관계 속으로 들어갈 수 있다. 행복도 삶의 기쁨도 인간관계 안에서만 느낄 수 있다.

주변에 자신을 지지하는 친구가 있다고 생각하면 외롭지 않다. SNS에 글을 올리면 비난하는 사람도 많지만 지지하는 사람도 많다. 자신을 지지하는 친구가 있다고 생각할 수 있는 사람은 타인을 신뢰할 수 있고, 소외되었다 해도 그것은 일시적이거나 표면적인 것에 지나지 않는다. '나'를 잃지 않기 위해서는 외로워지는 걸 두려워하지 않아야 한다.

모든 것을 의심하라

───

이처럼 권위에 의존 또는 복종하지 않고 불의를 지적할 수 있으려면 이성적이어야 한다.

또한 모든 것을 의심해야 한다는 것이 에리히 프롬의 신조다. 프롬은 제1차 세계대전을 겪은 뒤 모든 것을 의심해야 한다고 스스로에게 말했다. 분명한 것은 하나도 없으며 모든 것을 의심해야 한다고. 의심은 철학의 출발점이다.

많은 사람이 옳다고 생각하는 일을 하는 와중에 '정말 그럴까' 하고 의심하는 사람이 없다면 어떻게 될까. 프롬은 의심하고 비판하고 불복종하는 능력이 인류의 미래와 문명의 종말을 결정할 수도 있다고 말한다. 지금 우리가 역사의 이 시점에서 비판하고 의심하지 않으면 인류의 미래는 없다. 아니, 문명은 끝나버린다.

항상 깨어 있어야 한다. 많은 이들이 깨어 있는 것 같지만 실제로는 잠들어 있다. 자신이 처한 상황을 파악하지 못하고 있다. 예언자란 원래 구약성서에서 온 말로, 예언자는 여러 나라와 시대에 나타났다고 프롬은 말했다. 예언이란 앞으로 일어날 일을 말하는 게 아니라, 신의 말씀을 맡아 전한다는 뜻이다. 예언자는 지금 이대로 있으면 나중에 이렇게 될 거라고 신의 말씀을 사람들에게 전하지만, 그것이 실현되기를 신이 바라는 것은 아니다.

프롬은 소크라테스도 예언자라고 말했다. 소크라테스는 기원전 5세기에 아테네에서 청년들을 상대로 대화를 나누었다. 그는 모든 것을 의심했다.

한번은 소크라테스도 모르게 델포이에 있는 아폴론의 신탁을 받으러 간 사람이 있었다. 그 신탁은 '소크라테스보다 현명한 사람은 없다'고 말했다. 그 말을 듣고 소크라테스는 곤혹스러워했다. 자신은 아무것도 모르는데 왜 신은 그런 말을 한 것일까.

그래서 소크라테스는 신이 한 말이 틀렸다는 것을 밝히기 위해, 지식인이라 불리는 사람들을 찾아 곳곳을 다녔다. 그들과 문답을 주고받은 결과, 그들은 지식인이라 불리면서도 아무것도 아는 게 없었다. 지식인이 아니었다.

소크라테스는 이렇게 생각했다. 나도 그들과 마찬가지로 아무것도 모른다는 의미에서 무지하다. 하지만 나는 그들과 달리 아무것도 모른다는 것을 안다. 그 작은 차이로 지식인이라 불리는 자들보다 더 많이 안다. 이를 '무지의 지'라고 한다.

소크라테스는 지식인이 아니라 '애지자愛知者' 즉 앎知을 사랑하는 사람이고, 이것이 철학자의 본래 의미다. 앎을 사랑하는 사람, 앎을 추구하는 사람, 모르는 것을 알려고 하는 사람. 그런 사람이 철학자이자 애지자이다. 이처럼 앎을 사랑하는 출발점이 아무것도 모른다는 자각이다.

애지자는 무지한 사람이 아니다. 그렇다고 지식인도 아니다. 애지자는 무지한 사람과 지식인 사이에 위치한다. 아무것도 모르는 사람은 탐구하려 하지 않는다. 지식인도 탐구하지 않는다. 이미 알고 있기 때문이다. 애지자는 지식인이 한 말을 곧이 곧대로 믿지 않는다. 아무것도 모르지만 알고 싶은 게 많은 애지자만이 앎을 탐구한다.

소크라테스는 자신을 가리켜, 동물의 몸에 달라붙어 피를 빨아먹는 등에 같은 존재라고 말한다. 잠자는 사람에게 등에는 성가신 존재다. 등에에 물리면 잠을 잘 수 없다. 소크라테스와 같이 우리는 무엇이든 사실인지를 의심하고, 그건 아니라고 말할 수 있어야 한다.

하지만 대세를 따르는 사람들은 그런 말을 하는 사람이 신경에 거슬릴 것이다. 소크라테스는 어떻게 되었나? 재판에 넘겨졌다. 국가가 믿는 신을 믿지 않는다는 것이 이유였지만, 청년에게 해악을 끼쳤다는 것이 소송의 진짜 이유였다. 당대의 젊은이들도 소크라테스가 했듯이 지식인으로 꼽히는 사람들과 대화를 나누며 그들이 실제로는 지식인이 아니라고 폭로했다.

젊은이들이 소크라테스에게 영향을 받았다는 사실이 알려지자, 소크라테스는 재판에 회부되어 유죄판결을 받았다. 그는 자신이 옳은 일을 했다고 재판관들 앞에서 연설했지만 그게 도리어 재판관의 분노를 사서 처형당했다.

예언자는 깨어 있는 사람이다. 우리도 깨어 있어야 한다. 기울어진 방에 사는 사람은 자신이 기울어진 방에 있다는 사실을 깨닫지 못한다. 예언자가 되기 위해서는 다른 사람과 같은 지평선에 서 있어서는 안 된다. 같은 지평선에 서 있으면 지금 세상에 무슨 일이 일어나고 있는지 보이지 않는다. 깨어 있는 상태에서 모든 것을 끊임없이 의심해야 한다.

내 안의 목소리를 따른다

불의를 보고 지나치지 않고 불의에 굴복하지 않기 위해서는 양심의 소리를 들어야 한다. 휴머니스트 즉 인도주의자인 프롬은 휴머니티*humanity*라는 말을 내면의 휴머니티와 외면의 휴머니티로 구별하여 사용했다. 내면의 휴머니티란 '이성과 양심' 즉 '자기 자신'이고, 외면의 휴머니티는 '인류'다.

고독해져야 한다고 앞에서 말했는데, 상사의 비리를 고발해서 직장에서 소외될지라도 더 넓은 공동체 안에서는 외롭지 않다. 인간에게 깃든 휴머니티인 이성과 양심에 따라 무엇이 정의인지 직장에서도 판단할 수 있는 사람이 있다. 나아가 직장이라는 공동체를 넘어선 더 큰 공동체에는 더 많은 사람이 있다. 그 사람들과 연대하고 있다고 느끼면 외롭지 않다. 자신이 결코 외롭지 않으며 타인과 연대하고 있다고 느끼는 것을 아들러는 공동체 감각이라고 한다.

문제는 양심의 소리는 작다는 점이다. 타인이 내는 큰 목소리에는 귀를 기울이지만 자기 내면의 목소리에는 귀를 기울이지 않으려 하는 사람이 많다. 여기서 목소리란 문자 그대로의 목소리만이 아니라 사방에서 들려오는 의견이나 생각을 말하며 우리는 거기에 노출되어 있다. 요즘 같은 시대에는 SNS, 신문, 잡지, 텔레비전, 라디오, 잡담 등 외부에 수많은 목소리가 넘쳐난다. 목소리가 크면 싫든 좋든 들리게 되어 있다.

하지만 큰 목소리에만 귀를 기울이면 프롬이 말하는 익명의 권위에 지배당한다. 자신의 생각이라고 믿어도 실제로는 스스로 생각한 것이 아니다. 그런데도 다른 사람들이 말하는 것이 자신의 생각이라고 믿고 SNS에 잘못된 정보나 허위 사실을 아무 생각 없이 올리는 사람이 많다. 나중에 사실이 아니라고 바로잡히더라도 그런 메시지는 읽는 사람이 거의 없어, 한번 흘러나오면 돌이킬 수 없게 된다.

그래서 더욱 양심의 소리에 귀를 기울여야 한다. 그러려면 고독해야 한다. 사람들에게서 떨어져 있어야 할 때도 있다. 프롬은 다음과 같이 말한다.

자신에게 귀를 기울이기 어려운 이유는, 이 (양심의 소리를 듣는) 기술이 현대인에게는 거의 없는 또 하나의 능력, 즉 자기 혼자 있을 수 있는 능력을 필요로 하기 때문이다.[46]

앞에서도 보았지만 소외되고 고립되어도 외롭지 않은 이유는 인류와의 연대는 결코 끊어지지 않을 것이기 때문이다. 자신은 결코 혼자가 아니며 타인과의 관계 속에 살고 있다고 생각하는 사람은 용기를 낼 수 있다. 이 용기는 지금 이야기의 흐름에서는 타인에게 '아니'라고 거절할 수 있는 용기인데, 타인과의 연결 속에 살고 있다고, 그것도 이성과 양심을 지닌 사람과 연결되어 있다고 여기면 용기가 생긴다.

이런 용기가 없는 사람들이 많다. SNS에서 팔로워가 많은 인플루언서 중에는 열렬히 지지해주는 팬이 있다는 걸 알고 일부러 남을 비방하거나 극단적인 발언을 하는 이들이 있다. 왜 그러는 것일까? 겉으로는 자신 있어 보이지만, 이성적이고 건설적인 논의를 해서는 인정받기 어려우니 주목받기 위해 극단적인 발언을 하는 것이다. 더욱이 닫힌 공동체 안에서는 그런 말을 해도 지지를 받을 것이라는 확신이 있기 때문이며 실제로 어느 정도 지지를 받는다. 그러나 그렇게 닫힌 공동체 안에서만 형성된 관계는 거짓 관계다.

거짓 관계 속에서 자신의 우월성을 과시하고 굴절된 인정욕구를 채우려는 사람은 인플루언서로서의 가치를 잃는 경험을 하지 않는 한, 변하기 어려울 것이다. 목소리가 큰 사람보다 양심의 소리에 귀를 기울이고 이성적으로 생각하는 사람이야말로 연대해야 한다.

제대로 화내기 위하여

―――――

비리와 부정은 직장에서만 일어나는 일이 아니다. 요즘 세상에는 불합리한 일이 너무도 많다. 그러한 일들을 매일 보고 들으면서 분노를 느끼지 않는 사람은 없을 것이다.

부정에 눈을 감으면 풍파가 일어나지 않는다. '그건 아니야'라고 목소리를 높이면 공동체의 단합, 연대감은 사라진다. 부정에 가담하기를 거부하면 마찰이 생긴다. 직접 뭔가를 하지 않더라도 다른 사람이 부정을 저지르는데 보고도 못 본 체하면 부정에 가담하게 된다.

이런 갈등이 발생하는 것이 두렵거나 단합을 깨뜨렸다고 비난받고 싶지 않은 사람은 침묵을 지킨다. 가만히 있으면 공동체의 질서가 깨지지 않고 자신이 불리한 상황에 빠지는 것을 피할 수 있을지 모른다. 그 대신 직장의 부정도, 사회의 부정도 만연하게 된다.

그러므로 어떤 불이익을 당하더라도 부정에 대해 목소리를 내고 그 결과 직장에서 소외되더라도 진정으로 분노할 용기를 가져야 한다.

미키 기요시는 기분에 따른 분노는 부정하지만 부정을 향한 분노, 자존심에 상처를 입었을 때의 분노는 인정한다. 그는 '공적인 분노'라는 말도 쓴다.

정의감이 항상 밖으로 드러나는 것은 공적인 장소를 찾기 위해서다. 정의감은 무엇보다도 공적인 분노다.[47]

진정으로 화를 내는 사람은 고독을 두려워하지 않는다.

고독이 무엇인지 아는 사람만이 진정으로 분노한다는 게 뭔지 안다.[48]

반대로 진정으로 화내지 못하고 부정을 눈감아주는 사람은 고독이 뭔지 모른다. 화를 내지 않으면 타인과의 관계는 유지할 수 있을지 몰라도 그런 관계는 진정한 관계라고 할 수 없다. 진정으로 화가 난 사람은 타인과의 관계가 끊어진다 해도 그것이 고독해지는 것은 아니라는 걸 안다.

상사가 시키는 대로 하며 상사의 비리를 감싸줬는데도, 정작 비리가 발각됐을 때 부하 직원이 멋대로 했다며 상사가 책임을 뒤집어씌우는 경우가 있다고 앞에서 말했다. 그런 직원은 상사를 지키기 위해서라기보다는 자신을 지키기 위해서 부정을 저지른 것인데, 그 후 책임을 혼자 떠안게 되면 그제야 자신이 무의미한 헛수고를 했음을 깨달을 것이다.

고독이 뭔지 아는 사람은, 정의를 외치고 그 결과 불이익을 당한다 해도 잃는 것이 거짓된 관계밖에 없다는 걸 알고 있다.

자신이 속한 조직에 자신을 지지하는 사람이 설령 없다 해도 반드시 어디엔가 지지하는 사람이 있다는 걸 아는 사람은 고독을 두려워하지 않는다.

앞서 인용했듯, "모든 인간의 죄악은 고독하지 못한 데서 생겨난다." 거짓된 유대가 끊어진다 해도, 그로 인해 고독해진다 해도, 진정한 연결마저 끊어지지는 않는다.

제 7 장

나 자신의 삶을 살려면

기대에 부응하지 않는다

————

앞에서 본 부모의 명령을 거절하지 못한 대학생도, 부모라서 거절하지 못한 것은 아니다. 거절하면 관계가 틀어질 가능성이 있고 그 후에도 계속 얼굴을 봐야 하니 그런 것이다. 하지만 그런 게 두려워서 부모가 시키는 대로만 하면 자신의 인생을 살아갈 수 없게 된다. 그 밖의 인간관계에서도 마찬가지다.

나의 저서 《미움받을 용기》가 출간된 이후 '미움받을 용기'란 말이 한동안 유행했는데, 이는 미움을 일부러 받으라고 권하는 말이 아니다. 남의 기분을 지나치게 배려하는, 상대방의 기분이 상할까 봐 본의 아니게 거절하지 못하는 사람들에게 미움받는 것을 두려워해서는 안 된다는 뜻이다.

부모와 자식 관계를 최종적으로 원만하게 만들기 위해서는 자식이 부모에게 이상적으로 순종하는 것을 그만두어야 한다. 미키 기요시는 《인생론 노트》에서 "우리의 생활은 기대 위에서 이루어진다"라고 한 뒤 이렇게 말했다. "때로는 사람들의 기대에 완전히 반하는 행동을 할 용기를 가져야 한다. 세상이 기대하는 대로 되려고 하는 사람은 결국 자신을 발견하지 못하는 경우가 많다."

자신의 인생을 살기로 결심하고 부모의 기대를 저버리고 부모와 마찰을 겪어야 인간은 비로소 자신을 발견할 수 있다. 자식이 부모의 기대를 채워주면 부모와 자식 관계는 안정되는데, 이런 안정된 관계를 깨뜨리기 위해서는 앞에서 보았듯 반항을 해야 한다고 미키는 말했다.

단, 상대에게 반항하기 전에 자기 자신에게 반항해야 한다고도 했다. 자기를 부정하고 깨뜨려야 비로소 남에게 어떻게 해야 하는지 알게 될 거라면서.

부모는 아이의 반항을 막을 수 있다.

고집 센 아이가 고집을 부리다가, 현명한 어머니에게 가로막혀 그게 좋지 않다는 말을 듣고 깨닫는다. 그 순간 어머니의 무릎에 엎드려 울음을 터뜨릴 수 있는, 그 천진난만하고 솔직한 마음으로 대지에 눈물을 흘리면서 아이는 교만하고 반항적인 마음을 꺾어야 한다. 그때 아이의 일방적 의지는

마치 지평선에 떼 지어 모인 뭉게구름이 소나기에 무너지듯 무너져 내린다.[49]

다만 이 묘사는 이렇게 되면 좋겠다고 미키가, 그리고 많은 부모들이 바라는 이상일 뿐이다. 내가 말한 대로 자기주장과 반항을 거쳐 최종적으로 관계가 좋아진다면, 부모 앞에서 아이가 무너지는 식의 화해는 일어나지 않는다.

아이는 자신이 어떤 행동을 하고 있는지 부모가 타이르지 않아도 알고 있을 것이다. 그저 부모에게 오기를 부리는 것일 뿐이다. 그런 아이가 어머니가 타이르자 '한순간 어머니의 무릎에 엎드려 울음을 터뜨리는' 순진하고 솔직한 마음을 가졌다고는 할 수 없다. 부모에게 오기를 부리는 태도는 부모가 타일렀다고 해서 '뭉게구름이 소나기에 무너지듯 무너져 내리'지는 않는다.

부모나 세상이 기대한 대로 살아가는 사람은 타인의 '속성 부여'에서 자유롭지 못하다. 반대로 아이가 부모에게 반항하면 이는 아이가 부모의 속성 부여에서 벗어나려고 하는 것이다.

사실 아이는 부모에게 반항할 필요도 없다. 부모가 하는 말이 틀렸다면 그저 따르지 않으면 된다. 다만 아이가 부모에게 '공부하라'는 명령을 받고 공부하는 것도 문제지만, 단지 부모에게 명령을 받았다는 이유만으로 반발해 공부하지 않는 것도

제7장 나 자신의 삶을 살려면

문제다. 부모가 공부하라고 하든 말든, 공부가 재미있으면 공부하면 된다.

어릴 때부터 부모에게 야단을 맞으며 자란 사람은 남의 눈치를 보고, 뭘 어떻게 해야 하는지 스스로 판단하지 못한다. 야단을 맞지 않았더라도 부모의 기대에 부응하기 위해 살면 나중에 어떤 일을 해야 할 이유를 찾을 때 혼자서는 아무것도 판단하지 못한다. 다들 하니까 나도 한다는 것은 답이 아니다.

자신에게만 관심 있는 사람

————

젊은 사람이 직장에서 처음부터 능력을 발휘하는 경우는 흔치 않다. 만약 당장 성과를 내지 못했을 경우 직장에서 쫓겨나야 한다고 하면 시간을 들여 창의적인 일을 해내기가 어렵다.

대학 교수들도 매년 몇 편씩 논문을 쓰고 학회에서 발표해야 한다. 강의는 물론이고 회의를 비롯해 연구 외에도 많은 일을 해야 해서 차분히 연구에 매진하기가 어렵다.

내가 대학생이었을 때, 30년 동안 논문을 한 편도 쓰지 않은 교수가 있다는 말을 듣고 놀란 적이 있다. 그 이야기를 지금도 기억하는 이유는 그런 사람이 달리 없었기 때문이기도 하지만, 실적이 없어도 당장 대학에서 쫓겨나지 않는다면 차분히 연구에 몰두할 수 있을 거라고 생각했기 때문이다.

회사나 대학에서는 그런 걸 봐주면 게으름 피우는 사람이 생길 수 있으니 달가워하지 않을 것이다. 하지만 어느 정도는 기다리는 수밖에 없다. 결과를 낸다는 보장이 없으므로 기다림에는 용기가 필요하다.

그런데 당장 눈에 띄는 성과를 내지 못하면 일자리를 잃는 상황이라면 어떨까? 연구자가 논문을 표절하는 일이 벌어진다. 이는 학생이 시험에서 커닝을 하는 것과 같다. 이런 사람들은 결과만 내면 된다, 결과를 내야 한다는 생각에 부정행위를 하는데, 그렇게 해서 연구자로 인정받는다 해도 이후 뛰어난 성과는 내지 못한다. 학생이라면 대학에 입학해도 수업을 따라가지 못한다. 기업에서도 똑같은 일이 벌어진다.

하지만 부정행위를 하는 이유는 결과를 내지 못해서만은 아니다. 표절을 하면서까지 결과를 내려고 하는 이유가 있다. 들킬 위험이 있다는 걸 알면서도 사람들에게 잘 보이고 싶기 때문이다. 우수한 아이라는 어른들의 속성 부여에 부응하려고 살아온 사람은 학업을 마치고 나면 일에서도 우수하다는 인정을 받고 싶어 한다.

남의 기대에 부응해야 한다고 생각하는 사람은 역설적으로 자신에게만 관심이 있는 사람이다. 그래서 자기 재능을 남을 위해 쓰려고 하지 않는다. 성과는 금방 나오지 않는 만큼 노력

제7장 나 자신의 삶을 살려면

을 해야 한다. 따라서 당장 남에게 잘 보이는 것만 중시하는 사람은 자신의 능력을 발휘하지 못하고 인생을 마치기 십상이다.

그저 돕고 싶어서 도울 뿐

————

남을 도와줄 때나 배려할 때도 마찬가지다. 상대방이 누구든, 혹은 누군가의 강요나 의무감 때문이 아니라 그저 내가 돕고 싶어서 돕는 것. 그것이 사람과 사람 사이의 진정한 관계다.

그런데 어려움에 처한 사람을 봤을 때조차 남이 어떻게 여길지 신경 쓰는 사람이 있다. 전철 안에서 노인이 서 있는 것을 보면 그냥 자리를 양보하면 되는데 양보할지 말지 망설이는 것도 그런 경우다. 상대방이 자리에 앉고 싶지 않다고 거절하면 어쩌나 하고 망설이는 사이에 그 사람이 전철에서 내려, 양보할 기회를 놓치는 사람도 있다.

자리를 양보하려고 하면 아직 자리를 양보받을 나이가 아니라고 화를 내는 사람이 있을지도 모른다. 하지만 그 제안을 받아들일지 말지는 상대가 결정하는 것이고 본인은 양보하고 싶은지만 생각하면 된다. 상대방이 고마워하며 자리에 앉으면 기쁠 것이다. 하지만 자리를 양보하기 전, 상대가 어떻게 생각할지를 따져서 고마워할 것 같을 때만 양보하는 것은 이상하다.

또한 자신이 돕는 모습을 다른 사람들이 볼지, 그들이 자신을 어떻게 평가할지 신경 쓰는 사람도 있다. 그런 사람은 아무도 보지 않으면 도움이 필요한 사람을 돕지 않을지도 모른다.

자리를 양보하는 게 상대방에게 도움이 되는가. 문제는 그것뿐이다. 상대방이 고마워할지, 그 행위를 다른 사람이 칭찬해줄지는 생각할 필요가 없다.

친절함을 연기하다 보면

지금 시대는 모든 직종에서 밝고 긍정적인 모습을 요구하는 것 같다. 그래서 취업 준비생들은 모두 밝고 긍정적인 태도를 보이려 노력한다. 채용되기 위해서는 억지로라도 밝은 태도를 취해야 한다고 생각하기도 할 것이다.

특히나 고객을 상대하는 직종은 설령 고객이 불합리한 불만을 제기하더라도 친절하게 대해야 한다. 아무리 불쾌하더라도 기분 좋게 응대해야 한다.

이렇게 프롬이 말하는 '자신의 것'이 아닌 감정으로, 기분 좋은 성격을 연기하다 보면 나중엔 그 감정이 자신의 것이 되어 무슨 일이 있어도 상냥하게 행동하는 사람이 된다. 이쯤 되면 어느 쪽이 진정한 자신인지 알 수 없게 되어버린다.

제7장 나 자신의 삶을 살려면

미키 기요시는 다음과 같이 말했다.

> 허영심이란 자신이 가진 것 이상의 존재라는 걸 보여주려는
> 인간적 열정이다. 그것은 가장에 지나지 않을지도 모르지만,
> 평생을 가장하며 산 사람에게 그 사람의 본성과 가장을 구
> 별하기란 불가능에 가깝다.[50]

친절한 사람, 좋은 사람을 연기하면 세상에 체면이 선다고
생각해 계속 가장하고 살면 다른 사람이 보기에 그 사람은 친
절한 사람, 좋은 사람이 된다. 인간은 인간관계 속에서 살고 있
으며 그 성격도 인간관계를 떠나서 생각할 수가 없다. 어떻게
행동하느냐는 누구 앞에 있느냐에 따라 달라진다.

다만 그렇다고 해도 항상 다른 사람이 어떻게 생각하는지만
신경 쓰다 보면, 미키의 말대로 '본성'과 '가장'을 구별하지 못
하게 된다.

또한 직장에서 피할 수 없는 불쾌한 상황에 맞닥뜨려 내심
짜증이 나도 생글생글 웃으며 응대하다 보면 어느새 그것이 진
정한 자신이라 믿게 될 수도 있다. 회사는 개성을 추구하지 않
아서 회사가 원하는 '인재'상에 의문을 품은 사원은 언제든 교
체가 가능하다고 위협받을 수 있다.

스스로 밝다고 생각하는 사람도 그 밝음이 본래의 성격이

아니라 회사가 원하는 인재가 되기 위한 연기에 불과할지도 모른다.

일하는 현장에서만 그런 것이 아니다. 모든 인간관계에서 협조적이고 사교적이며 외교적이기를 강요받는다. 그런 사람이 되기 위해서는 개성이 방해가 된다. 몇몇 사람하고만 친하게 지내는 게 아니라 누구하고든 친해지기 위해서는 다른 사람에게 맞춰야 하기 때문이다.

이처럼 자기가 아닌 자기를 연기하는 사람도 사회와의 연결을 강요당하고 있다. 굳이 사람들과 부딪칠 필요는 없다. 사람들에게 일부러 미움받을 필요도 없다. 하지만 내가 내가 아니게 되고 개성을 잃으면서까지 맞춰줄 필요가 있을까?

타인의 평가에 휘둘리지 말 것

타인의 기대에 맞춰 사는 사람은 인정받기 위해 타인에게 의존하고, 하고 싶은 일이 있어도 다른 사람의 마음에 들고 싶어서 포기한다. 또 인정받는 일이라면 행동에 나서지만 그렇지 않으면 아무것도 하지 않는다. 인정받기 위해 행동하지만, 그게 꼭 옳은 일이라고 할 수 없으며, 그걸 스스로 판단하는 것도 불가능하다.

제7장 나 자신의 삶을 살려면

'당신은 어두운 사람'이라는 타인의 말에 스스로도 그렇다고 생각하는 사람이 많다. 이는 타인이 자신에게 부여한 속성을 받아들였다는 뜻이다. 나는 그런 말을 하는 사람들에게 당신은 어둡지 않다고 말해준다. "당신은 자신의 말이나 행동이 다른 사람에게 어떻게 받아들여질지 늘 의식하고 있지만 적어도 고의로 남에게 상처를 주는 행동을 하지는 않습니다. 그렇지 않나요?" 이렇게 물으면 그렇다는 대답이 돌아온다.

이어서 나는 다음과 같이 말한다. 타인에게 상처를 주지 않으려는 당신은 '어두운' 게 아니라 '마음씨가 고운' 것이다. 이렇게 말한 이유는 인간이란 본래 어두운 자신은 받아들이지 못해도 마음씨 고운 자신은 받아들일 수 있기 때문이다. 자신이 그런 사람이라면 자기 자신을 좋아할 수 있다. 본인이 가치가 있다고 생각할 수 있기 때문이다. 자신이 마음씨 고운 사람이라는 생각이 들면 인간관계 속으로 들어갈 용기도 낼 수 있다. 이는 관점을 바꿔 생각하면 인간관계 속에 들어가지 않기 위해 타인에게 '어두운 사람'이라는 속성을 받은 것이다. 인간관계 속으로 들어가려 하지 않은 이유는 다른 사람과 관계를 맺으면 상처받을지도 몰라 두렵기 때문이다. 단, 자신을 좋은 사람이라고 생각하면 인간관계 속으로 들어갈 수 있지만, 단순히 자신에 대한 견해를 바꾸는 게 중요한 것이 아니다. 나처럼 타인역시 고의로 사람들에게 상처를 주는 사람만은 아니라는 사실을 깨닫는 게 중요하다.

마음씨 곱다는 속성을 부여받으면 자신을 다르게 볼 수 있다. 그래서 그때까지 자신의 단점이나 결점만을 보던 사람도 자신을 받아들이고 자신감을 갖게 된다.

다른 사람이 된 것은 아니다. 그러나 자신을 다르게 볼 수 있게 되면 사실상 다른 사람이 됐다고 해도 과언이 아니다.

하지만 이것도 속성 부여이자 평가라는 사실임에는 변함이 없다. 평가는 자신의 가치나 본질과는 다르다. 평가가 자신의 가치를 높이는 것도 아니고 낮추는 것도 아니다. 따라서 심리 상담사를 포함한 다른 사람이 자신에 대해 생각지도 못한 긍정적인 속성을 부여했을 때도 무비판적으로 받아들여서는 안 된다. 결국 자신의 가치는 스스로 인정하는 수밖에 없다. 다만 그전에는 생각하지 못했던, 자신에게 가치가 있다고 생각되는 타인의 평가를 한 번쯤 받아들이는 용기를 가졌으면 한다.

위험 없는 인생은 없다

상식에 따라 살면 고민할 일이 별로 없을지도 모른다. 세상이 하라는 대로 흐름에 몸을 맡기고 아무 생각 없이 살던 사람이 어느 순간부터 어떻게 인생을 살아갈지 스스로 생각하기 시작하면 당장에 앞으로의 인생이 눈에 보이지 않게 된다.

세상의 많은 사람들이 선택하는 인생이라면 어떤 인생을 살게 될지 대략 그려볼 수 있다. 그런 인생을 살면 큰 위험은 없을 것이다. 그때까지 스스로 결정을 하려고 하지 않았던 이유는 앞날이 보이지 않는 것이 두려웠기 때문이고, 위험을 감수하고 싶지 않기 때문이다. 반면에 어떤 인생을 살지 스스로 결정하면 자신이 선택해서 일어난 일의 책임은 온전히 자신이 지는 수밖에 없다.

자신의 인생에 책임을 지는 것이 두려워서 남들과 같은 인생을 살려고 하는 사람이 많다. 그렇게 안전한 삶으로 알려진 것을 좇아가면 자신만의 삶을 살 수 없다. 그뿐인가, 안전하다고 생각한 삶을 살아도 어려움에 처할 수 있다.

들어가고 싶었던 대학이나 회사에 들어가지 못하면 바로 벽에 부딪힌다. 젊은 나이라도 큰병에 걸려 쓰러질 수도 있다. 그렇게 되면 앞으로의 인생이 보이지 않게 된다. 인생의 앞길이 가로막히는 경험을 했을 때 어떻게 해야 할 것인지를 포함해서 자신의 인생은 스스로 책임져야 한다.

설령 안전한 삶을 살 수 있다고 해도 그것이 반드시 행복한 삶이라고는 할 수 없다. 부모는 자식이 고생하지 않기를 바라고 안전한 인생을 선택하게 하지만, 부모의 의견에 따라서만 살면 타인에게 의존하며 살게 되는 것이다.

부모가 불안해할까 봐, 부모를 안심시키려고 남들과 똑같은 삶을 살아야 할 이유는 없다. 다가올 인생을 생각할 때 불안해지는 것은 나 자신이어야지, 부모가 불안해하는 것은 이상하다.

나는 고등학생 때 철학을 공부하기로 마음먹었는데 그 사실을 안 선생님이 내게 마음을 바꾸라고 채근했다. 나는 그 선생님의 수업을 통해 동서고금의 사상을 배웠는데 선생님은 철학을 배우면 어떤 생활고를 겪게 되는지 구구절절 설명했다. 철학이 어떤 학문인지 누구보다 잘 아는 선생님이 내 진로 결정을 기뻐해주기는커녕 반대해서 적잖이 당황했다. 그래도 나는 철학을 공부하겠다는 마음을 꺾지 않았다. 내 뜻이 흔들리지 않자 선생님은 토요일 방과 후 개인적으로 철학 수업을 해주겠다고 했고, 철학 연구에 필요한 외국어도 가르쳐주었다.

다른 사람의 조언에 귀를 기울일 필요는 있지만, 그만두라는 말을 듣고 바로 그만둬버리면 자신의 인생을 살아갈 수 없을 것이다.

실패를 즐기는 방법

이렇게 자신의 인생을 살기 시작한다고 해서 당연히 순탄한 인생을 보내는 것은 아니다. 부모의 말을 듣지 않더라도 실패하고 싶지 않고 좌절하고 싶지 않은 사람은 인생의 선택을 신중하게 하는 수밖에 없다.

　실패하는 게 두렵다, 되도록이면 절대 실패하고 싶지 않다고 생각하는 사람이 많다. 나는 오랫동안 대학에서 강의를 했는데, 많은 학생들이 실수를 두려워했고 성적이 우수할수록 실수를 더 두려워했다.

　공부와 인생은 다르다고 생각하는 사람도 있겠지만, 잘못했을 때, 실패했을 때 대처하는 방법은 공부든 인생이든 기본적으로 같다.

　나는 학생들이 틀렸을 때 당연히 그것을 지적했다. 그때 어떤 반응을 하느냐는 학생에 따라 다르다. 내가 고대 그리스어를 가르쳤다는 건 앞에서도 말했지만 새내기가 틀리는 것은 당연한데도 다음 시간부터 강의에 나오지 않는 학생이 있었다.

　틀리지 않는 가장 쉽고 확실한 방법은 강의를 듣지 않거나 시험을 보지 않는 것이다. 시험을 보지 않으면, '만약 시험을 봤더라면 좋은 성적을 받을 수 있었을 텐데'라고 말할 수 있다. 실제로 과제에 도전했다가 실패하는 쪽보다는 가능성(이 경우에는 과거의 가능성) 안에서 사는 쪽을 선택하는 것이다. 틀려도 공부를 계속하면 머지않아 그리스어를 읽을 수 있게 되는데 일찍 포기하는 모습을 보고 안타까운 마음이 들었다.

　학생들이 두려워하는 것은 틀린 것에 대한 평가가 아니라 다른 사람들이 어떻게 생각하는가이다. 자신이 낮은 평가를 받을까 봐 두려워하는 것이다. 낮은 평가를 받는다고 인격까지 낮게 평가받는 것은 아니다. 나는 학생들에게 그리스어를 일본어로 번역하게 하고 틀린 것이 있으면 설명하는 방법으로 가르쳐주었는데, 어느 날 대답을 하지 않으려는 학생이 있었다. 왜 대답하지 않는지, 그 이유를 알고 있느냐고 물었더니 알고 있다고 학생은 대답했다. 그 문제를 틀려서 공부 못하는 학생으로 보이고 싶지 않았다고 했다. 그래서 틀려도 절대 그렇게 생각하지 않겠다고 약속했더니 그 학생은 다음 시간부터 틀려도 두려워하지 않고 대답했다. 그에 따라 실력도 늘었다.

답을 맞히지 못하면 다음에는 맞힐 수 있도록 공부하면 된다. 살다 보면 어떤 일로 인해 좌절할 수도 있지만, 그래도 다시 시작할 수 있다. 실패에서 배울 것은 많다. 돌이킬 수 없는 실패는 없다. 부모는 자녀가 실패 없는 안전한 삶을 선택하게 해서는 안 된다.

해내지 못해도 괜찮다

———

남과 다른 인생을 살기가 두려운 이유는 무언가를 해내야 한다고 생각하기 때문이다. 하지만 어떻게 될지는 일단 살아보기 전까지는 알 수 없다.

누군가 길을 물었을 때 자신이 아는 곳이라면 친절히 가르쳐줄 것이다. 그런데 그곳까지 얼마나 걸리느냐고 묻는다면 길을 물은 사람이 얼마나 빨리 걷는지를 모르면 답을 해줄 수 없다. 물론 자신도 직접 걸어보지 않으면 알 수 없다. 다른 사람이 빨리 간다고 해도 본인은 시간이 걸릴지도 모르고, 그 반대의 경우도 있다. 심지어 자신이 어디로 가고 있는지도 모르는 경우가 있는데, 그런 경우에는 누구에게도 물어볼 수 없다.

자신이 어떤 인생을 살아갈지 명확하게 알고 있는 사람도 있으나 그 목표는 대개 무의식적으로 선택한 것이다. 자발적으로 선택한 인생은 다른 사람이 사는 인생과 달라서 주변 사람들의 걱정을 사기도 한다. 예기치 못한 사태가 일어날 수 있기에 반드시 자신이 원하는 대로 살 수 있는 것도 아니며, 어떤 인생도 절대 '안전'하지 않고, 안전한 인생이 반드시 행복한 인생이라고는 할 수 없다.

더 큰 문제는 명확한 목표가 있으면 그 목표에 도달하기까지의 인생이 목표 달성을 위한 준비 기간으로서 '가짜'가 된다는 점이다. 그렇게 현재의 인생을 가짜로, 임시로 보기에는 인생이 너무 짧고, '진짜' 인생을 살 날이 오리라는 보장도 없다.

하고 싶은 일을 미래가 아니라 '지금' 찾아도 되지 않을까? 무언가를 위해서가 아니라 지금 여기서 푹 빠져서 할 수 있다면 앞으로의 일은 생각할 필요가 없다. 그게 바로 하고 싶은 일이다.

하고 싶은 일만 하다가 아무것도 이루지 못하는 건 아닐까, 어디에도 다다르지 못하는 건 아닐까 걱정하는 사람도 있겠지만, '하고 싶은 일을 하다 보니 어느새 멀리까지 왔더라' 하는 삶을 살아도 좋지 않을까. 미래만 생각하며 산다고 해서 반드시 언젠가 하고 싶은 일을 할 수 있는 것은 아니다.

그리고 아무것도 성취하지 못했다고 해서 인생이 불행해지지는 않는다. 미래를 위해 지금의 인생을 희생하거나 '지금' 하고 싶은 일을 하지 않고 오직 준비만을 위해 보내지만 않는다면 말이다.

물론 하고 싶어도 지금 당장 할 수 없는 일도 있다. 필요한 지식이나 기능을 익히려면 노력이 들고 시간도 걸리지만 그것을 익히는 과정 전체를 하고 싶은 일이라고 느꼈으면 한다.

망설이고 있다면 일단 출발하자. 할 수 있는 일부터 시작했다가 도중에 마음이 바뀌면 거기서 되돌아가면 된다. 문득 다른 일을 하고 싶어질 수도 있고, 하고 싶은 일이라도 뜻밖의 변수가 생겨 해내지 못할 때도 있다. 그래도 '하고 싶은 일을 해봤다'는 생각을 할 수 있다면, 진로를 바꾼다고 해도 그때까지 들인 시간과 에너지가 헛된 것이라고 여기진 않을 것이다.

저마다의 고유한 행복

어느 일류 기업에 취직한 대졸 청년이 얼마 안 가 회사를 그만뒀다. 그의 부모는 반대하지 않았지만, 이런 경우 많은 부모들이 어렵게 좋은 회사에 들어갔는데 왜 그만두느냐는 식으로 말하며 반대할 것이다.

그에게 왜 일찍 그만뒀느냐고 물었더니 방문 영업을 하게 됐는데 잘 안 됐다고 했다. 상사도 신입사원인 그가 처음부터 계약을 할 수 있을 거라고 생각하진 않았을 것이다. 그러나 평생 한 번도 좌절한 적이 없는 그에게는 충격이었던 모양이다.

하지만 그건 사실 큰 문제가 아니었다고 그는 말했다. 회사를 그만두기로 결심한 것은 선배나 상사가 조금도 행복해 보이지 않았기 때문이라고 했다. 이 회사에서 일하면 마흔 살쯤엔 내 집 마련을 할 수 있겠지만 그 대신 그때쯤 자기 무덤도 만들겠더라며 농담을 했다. 인생의 앞날이 보였던 것이리라. 월급을 많이 받아도 뼈가 가루가 되도록 일하는 게 과연 행복일까 의문이 들었을 터이다.

나는 그의 생각이 이해가 갔다. 인간은 일하기 위해 사는 존재가 아니다. 일은 그저 행복하게 살기 위한 수단에 불과하며 행복을 희생하면서까지 일할 필요는 없다.

당장 그만두지 말고 참아야 한다고 말하는 사람도 있다. 이직하기가 어려운 것도 사실이다. 그렇기에 나는 지금 하는 일에 만족스럽지 않다고 해서 이직하라고 가볍게 권하지는 않는다. 다만 일을 하면서 행복한지 아닌지는 금방 알 수 있다. 미키 기요시는 행복에 대해 다음과 같이 말했다.

순수한 행복은 각자에게 고유하다.[51]

행복의 형태는 사람마다 다르다. 그렇다면 자신의 인생이 다른 사람의 인생과 같을 필요도 없으며 비교할 의미도 없다.

나는 그 젊은이에게 당신의 인생이니 당신 뜻대로 살라고 말했다. 남과 같은 삶을 산다면 어떤 삶을 살게 될지 대략 그려볼 수 있겠지만, '각자에게 고유'한 행복이 있는 삶은 앞이 보이지 않아서 어떤 삶을 살게 될지 상상하기 어렵다.

하지만 상상할 수 없다 해서 '고유'하지 않은 삶을 산다면 무슨 의미가 있을까. 자신의 성격이나 외모가 마음에 들지 않고 다른 사람처럼 밝고 아름다워지고 싶어서 자신을 바꾸려고 노력한다 치자. 실제로 그렇게 바뀐다 한들 그것은 자기 인생이 아니다. 그러므로 자신의 인생을 살기 위해서는 다른 사람과 다르게 사는 것을 두려워하지 말고 자기만의 고유한 삶을 사는 것이 좋다.

제7장 나 자신의 삶을 살려면

제 8 장

사랑이라 착각하는 관계

좋은 친구가 될 수 있다는 환상

———

많은 경우 부모와 자식의 관계는 너무 가깝다. 철학자 모리 아리마사森有正는 딸과의 관계에 대해 다음과 같이 말했다. "딸이 나를 너무 사랑하지 않게 조심해야 한다. 그녀는 스스로 자신의 길을 찾아야 한다. 나의 내면이 그녀에게 영향을 주어서는 안 된다."[52]

딸과 자신의 유대감은 이미 너무 강해서 자기는 '언제나 조용히 존재하는 아버지', 딱 거기에서 선을 넘지 않도록 온 힘을 다해 노력해야 한다고 모리는 말한다. "나는 죽음 앞에서도 딸이 내 곁에 오는 것을 원치 않는 사람이 되어야 한다. 딸이 어디엔가 존재한다는 것만이 나의 기쁨이자 위안이 되는 사람이 되어야 한다."

'딸이 나를 너무 사랑하지 않게'라고 표현했지만 사실은 자신이 딸을 너무 사랑해선 안 된다고 경계하는 것이다.

부모가 자식을 사랑해서는 안 된다는 말이 아니다. 단지 너무 사랑하면 부모와 자식의 유대가 지나치게 강해지고, 아이는 부모로부터, 부모는 아이로부터 자립하지 못하게 된다.

대부분의 부모는 '언제나 조용히 존재한다'는 사실에 만족하지 못하고, 아이가 부탁하지도 않았는데 아이 앞에 놓인 과제에 이러쿵저러쿵 간섭한다. 그것이 아이를 위한 일이라고 굳게 믿어 의심치 않는다.

아이가 그런 부모의 말에 아무런 의문도 느끼지 않고 부모의 말을 듣고 있으면 그 가족관계가 좋은 것처럼 보이지만, 밀월 관계는 언제까지나 계속되지 않는다. 같은 글에서 모리는 말한다.

딸의 좋은 친구가 된다? 생각만 해도 소름 끼친다.

이런 생각을 하는 부모는 드물지 모른다. 한편 미키 기요시가 말했던, 버릇없이 구는 아이를 타이르는 부모도 찾아보기 힘들다. 대부분의 경우, 아이가 사랑이라는 이름에 감춰진 부모의 지배를 깨닫고 부모의 지배에서 벗어나면 부모와 자식의 관계는 달라진다.

어떻게 하면 그럴 수 있을까. 먼저 아이가 스스로 책임지고 해야 할 일에 부모가 개입하지 않는 것이다. 부모의 눈으로 보면 지식도 경험도 부족한 아이는 의지할 곳이 없어 보이고 실제로 실패하기도 한다. 그럴 때, 부모가 아이를 지켜볼 용기가 없으면 아이는 자신의 인생에 책임을 지지 않게 된다.

부모를 따르는 한 실패했을 때의 책임을 부모에게 전가할 수 있다는 사실을 알고 있는 아이는 부모의 지배를 의식하면서도 자립하려 하지 않는다.

다음으로 부모와 자식이라는 가면을 벗는 것이다. 가면은 라틴어로 페르소나*persona*라고 한다. 영어의 퍼슨*person*(사람)의 어원이다. 부모와 자식이 각각 부모와 자식이라는 가면을 벗고 인간으로서 대하면 부모는 '너를 위해서'라고 말하지 않을 것이고, 자식도 부모가 자식을 걱정하는, 사실은 지배하는 것을 부모의 사랑이라고 생각하지 않을 것이다.

관계에는 적절한 거리가 필요하다

———

내가 고등학생 때 철학을 배우고 싶다고 했을 때 아버지는 반대했지만 직접 나에게 그만두라고 하지는 않았다. 어머니에게만 반대한다고 넌지시 말했을 뿐이다. 어머니는 그런 아버지가 반대하지 않게 설득해주었다. 나는 아버지가 왜 반대했는지 이해할 수 있었다. 나중에 내가 경제적으로 힘들어질까 봐 걱정했던 것이다.

하지만 경제적으로 힘들어지더라도 내가 스스로 해결해야 한다는 것을 어머니는 충분히 이해했던 듯하다. 어머니는 아버지에게 "그 애가 하는 일은 전부 옳은 일이니 지켜봅시다"라고 설득했다. 물론 내가 한 일이 전부 옳은 건 아니었지만 어머니의 전폭적인 신뢰가 무엇보다 고마웠다.

여기서 주목하고 싶은 것은 지켜보겠다는 어머니의 말이다. 이는 내가 그 뒤의 인생을 어떻게 살아가는지 지켜보겠다는 뜻이다. 부모님은 내가 곤경에 처했다면 주저 없이 도움의 손길을 내밀어줬을 것이다. 하지만 부모님은 내 인생에 간섭하지 않고 지켜봐주었다.

부모가 자녀가 뭘 하는지 전혀 모르는 것은 문제다. 자녀가 뭘 하는지는 알고 있지만 간섭하지 않기가 어렵다고 느끼는 부모가 많을 것이다. 자녀가 부모가 이해할 수 있는 인생을 선택한다면 가만히 지켜볼 수 있지만, 어떻게 될지 예상할 수 없는 인생을 선택한다면 참견하게 된다. 이대로 뒀다가 자녀가 실패라도 할까 봐 걱정이 되기 때문이다.

그럴 때 자녀를 말리는 것이 부모의 의무라고 생각하는 사람들이 있다. 물론 그 실패가 치명적이라고 예상될 때는 말려서 멈추도록 해야겠지만, 그렇지 않을 때는 멈추게 해서는 안 된다. 실패해야만 배우는 것이 있기 때문이다.

굳이 자녀의 과제에 간섭하지 않으려면 지켜보는 용기가 필요하다. 이 용기는 적절한 거리를 두는 용기라서 부모와 자식 관계뿐만 아니라 모든 인간관계에서 필요하다.

자녀의 과제에 간섭하는 편이 더 쉬운 것은 사실이다. 하지만 그렇게 하면 자녀는 아무리 세월이 흘러도 부모로부터 자립할 수 없게 되므로 기본적으로는 부모가 개입해서는 안 된다. 하지만 부모가 아무것도 하지 않아도 된다고 생각하는 것은 잘못이다. 그렇게 되면 이번에는 방임이 된다. 어떻게 개입할지는 바로 뒤에 생각해보겠지만 앞서 말했듯 실패가 치명적이라고 예상될 때, 또 자녀가 하는 일이 자녀 자신이나 타인에게 실질적으로 피해를 줄 때 부모가 개입해야 한다. 실질적인 피해를 준다는 것은 예를 들면 한밤중에 큰 소리로 음악을 듣는 것과 같은 행동이다.

어려운 문제는 있다. 부모는 자녀가 뭘 하는지 일일이 파악하기 어렵고, 같이 살아도 자녀가 방에서 뭘 하는지는 알 수가 없다. 하물며 떨어져 살면 연락하지 않는 한 알 도리가 없다. 게다가 성인이 된 자녀가 마약에 손을 대거나 범죄를 저질렀다면 과연 부모에게 책임이 있을까? 단적으로 말하면 부모는 책임을 질 수 없다. 그래서 죄를 지은 젊은이의 부모네 집에 기자들이 몰려가서 부모에게 할 말 없냐고 묻는 광경을 보면 이상하다는 생각이 든다. 다만, 그래도 할 수 있는 일은 있을 것이다.

자신의 문제를 스스로 해결할 자유

부모는 아이가 부모에게 순종하지 않을 때 어떻게 해야 할지 판단하지 못한다. 부모에게 순종하지 않는다는 것은 그저 반항적인 태도를 보이는 게 아니라 예를 들어 지금까지 공부하는 것에 아무런 의문도 품지 않았던 아이가 공부를 하지 않거나 학교에 가지 않는 것과 같은 행동을 말한다. 그러면 부모는 당황하지 않을 수 없다. 그럴 때는 어떻게 해야 할까?

우선 아이의 이야기를 들어준다. 이야기하는 도중에 말을 끊거나 비난하지 않고 끝까지 들어줄 거라는 믿음이 있으면 아이는 부모에게 이야기를 할 것이다. 아이가 하는 말을 듣고도 받아들이기 어렵겠지만, 일단 아이의 이야기를 이해하려고 노력해야 한다.

이어서 누구의 과제인지를 알아야 한다. 학교에 가는 것은 아이의 과제이며, 학교에 가지 않으면 그 결과는 아이가 수용하고 책임도 아이가 지는 수밖에 없다. 학교에 가지 않고 수업을 듣지 않으면 성적이 떨어지고 경우에 따라서는 졸업도 위태로워질 수 있다. 그래도 학교에 갈지 말지는 부모의 과제가 아니다.

인간관계에 관련된 문제는 전부 남의 과제에 함부로 끼어들거나 간섭하는 데서 발생한다. 문제를 해결하는 가장 간단한 방법은 과제에 일절 간섭하지 않는 것이다. 부모가 아이의 과제에 간섭하는 이유는 아이가 스스로 문제를 해결할 수 있다고 믿지 않기 때문이다.

다만 과제의 분리는 인간관계의 최종 목표가 아니다. 협력하는 것이 최종 목표다. 부모가 도움을 줄 수 없는 것은 아니다. 아이의 행동이나 삶의 방식에 대해 의견을 말할 수 없는 것도 아니다. 원래는 아이의 과제를 아이와 부모의 '공동 과제'로 삼을 수 있다. 다만 그러기 위해서는 절차를 밟아야 한다.

이론적으로 부모는 자녀의 과제를 부모와 자녀의 공동 과제로 할 수 있지만 자녀가 공동 과제로 하고 싶다는 의사를 밝혔을 때만 공동 과제로 삼는 것이 바람직하다. 왜냐하면 부모가 공동 과제로 삼으려 제안할 때는 부모가 아이를 자신이 바라는 대로 하고 싶은 경우, 즉 지배하고 싶은 경우가 많기 때문이다.

아이가 공부를 하지 않으면 부모의 마음이 편치 않을 것이다. 하지만 아이에게 네가 공부를 하지 않는 모습을 보면 짜증이 나고 불안해지니 공부를 하라고 하지는 않는다. 실질적인 피해를 끼치는 경우에도 공동 과제로 삼는 절차를 밟지 않으면

제8장 사랑이라 착각하는 관계

관계를 해치게 된다. 만약 공부를 하지 않는 아이라면 "요즘 네 모습을 보면 별로 공부하는 것처럼 보이지 않는데 거기에 대해 한번 얘기 좀 해볼까?"라고 말하는 것이다. 관계가 좋지 않으면 이 제안은 거절당할 것이다.

자신의 힘만으로는 해결할 수 없는 일도 있지만, 자기가 해결해야 하는 일, 해결할 수 있는 일까지 타인의 협력을 구하려 해서는 안 된다. 어릴 때부터 부모가 아이의 과제에 간섭하면 아이는 의존적인 사람이 되어 어른이 되어서도 부모에게 의존하게 된다. 단, 한편으로는 도움이 필요할 때 도움을 청해도 좋다는 사실을 알려주지 않으면 도움을 청하지 않을 것이다. 그러니 "우리가 할 수 있는 일이 있으면 말해줘"라고 일러둘 수는 있다. 물론 도움을 청한다고 해서 모든 일을 맡아서 해줄 수는 없으니 못하는 건 거절해야겠지만 그렇지 않다면 도움을 줄 수 있다.

그렇다고 부모가 자녀의 인생에 무관심해서는 안 된다. 부모가 무관심하다는 사실을 알면 자녀는 절망할 수도 있다. 가령 자녀가 마약에 손을 대면 이는 자녀의 과제이기는 하지만 그냥 내버려둬서는 안 된다. 약물에 중독된 자녀도 그렇게 된 걸 진심으로 바란 건 아니다. 성인이 된 자녀가 하는 일에 부모에게 책임이 있는 건 아니지만, 공동의 과제로 삼았으면 하는 이유는 부모라서가 아니라 부모와 자식이라는 가면을 벗고 인간 대인간으로서 돕기를 바라기 때문이다.

같은 눈높이에 설 것

———

부모는 아이가 말을 듣지 않는 때가 오면 아이가 자립했다는 증거라고 생각하는 게 옳다.

사춘기 아이가 반항한다며 상담을 하러 오는 경우가 많다. '반항기'라는 시기가 있는 게 아니라 반항하게 만드는 부모가 있을 뿐이라는 말을 앞에서 했다. 대개 부모가 아이의 과제에 함부로 개입하니까 아이가 반발하는 것이다. 아이의 과제에는 간섭하지 말자. 공동의 과제로 삼고 싶을 때는 찬찬히 그 절차를 밟자. 그렇게 대처하면 아이는 반항할 필요가 없어진다. 아이를 키우고 교육하는 목표는 자립이다. 아이가 부모에게 반항하고 부모에게서 멀어지는 것도 자립이지만 가능하다면 아이가 평화롭게 자립할 수 있게 돕도록 하자.

돕고 싶다고 해서 아무 때나 도울 수 있는 건 아니다. 관계가 가깝다고 느끼지 않으면 아이는 마음을 열지 않을 것이다. 그리고 아이가 가깝다고 느낄 수 있으려면 부모와 대등하다고 생각해야 한다.

작가 마이클 크라이튼*Michael Crichton*은 의대에 다닐 때 아버

제8장 사랑이라 착각하는 관계

지가 학비를 대주지 않아서 원고료로 학비를 벌기로 결심했다. 그것이 작가로 성공하는 결정적 계기가 되었지만, 그 이전에도 저널리스트이자 편집자인 아버지는 그에게 다양한 자극을 줬다.

그는 열세 살 때 애리조나주에 있는 선셋크레이터 화산 국립천연기념물을 보러 갔다가 그곳의 매력을 잘 모르는 사람들이 많다는 생각이 들었다. 그 이야기를 어머니에게 했더니, 어머니는 그렇다면 그걸 기사로 써서《뉴욕 타임스》에 기고하라고 권했다.

"《뉴욕 타임스》에? 그렇지만 난 아직 어린데."

"그런 말은 아무한테도 할 필요 없어."

아버지의 얼굴을 쳐다보자 아버지가 말했다.

"관리사무실에 있는 자료를 받아서 직원들을 인터뷰해봐."

그래서 그는 가족들을 땡볕에서 기다리게 하고는 무슨 질문을 할지 생각한 뒤 직원들을 인터뷰했다.

"부모님은 아직 열세 살밖에 안 된 아들이 그렇게 할 수 있을 거라고 생각하는 것 같았고, 나는 그 모습에 용기를 얻었다"고 크라이튼은 말했다.[53] 그렇게 그는《뉴욕 타임스》에 여행기를 기고해 원고료를 받을 수 있었다.

통상적인 부모 자식 관계라면 자녀가 뭔가를 하고 싶다고 해도 부모가 말리는 경우가 대부분이다. 그래도 도전해보는 게 좋다. 잘 안 되더라도 다시 도전하면 그만이다. 실패하면 속상하고 크게 흔들릴 수도 있지만, 도전하지 않으면 나중에 그때 해볼걸 하고 후회할 것이다. 그게 더 문제다.

아이가 하고 싶은 일이 있는데 어른이 말리는 경우가 있다. 반대로 할 수 있는데도 아이가 겁을 먹고 도망치려는 경우도 있다. 할지 말지는 아이의 과제다. 그러니 어른이 참견할 필요가 없다는 말이 맞지만, 그렇다고 해서 아무것도 할 게 없다는 뜻은 아니다. 마이클 크라이튼은 부모가 글을 쓰라고 권했을 때 자신이 더 이상 아이로 여겨지지 않는다는 사실을 알았을 것이다.

대등한 사이라는 생각이 들면 가깝게 느낄 것이다. 가깝게 느낀다면 그 대상이 부모라도 이야기를 들어보려 할 것이다. "난 아직 어린데"라고 말했던 크라이튼은 자신의 능력에 확신이 없었지만, 부모의 적절한 도움으로 과제에 도전할 용기를 얻었다.

완전하게 이해하지 않아도 된다

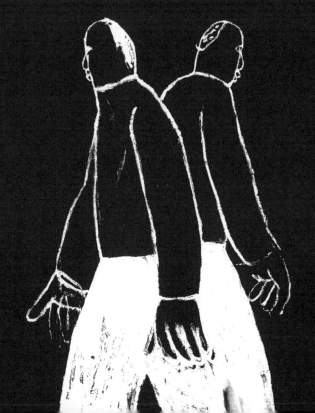

의존하지 않으려면

――――――

지금까지 어떻게 하면 타인에게 지배당하지 않고 의존하지 않으며 살아갈 수 있는지, 또 타인이 그렇게 살아가는 데 도움을 줄 수 있는지를 보았다. 나아가 자립한 관계란 무엇인지도 살펴보았는데, 지금부터는 자립한 사람들끼리 맺은 관계는 어떤 관계인지 생각해보려 한다. 또한 사람을 이해한다는 것에 대해서도 생각해보려 한다.

꼭 전문 상담가가 아니더라도 상담을 하거나 받는 경우에는 의존 관계가 되지 않게 조심해야 한다. 아들러의 말을 다시 인용하면, "환자를 의사에게 의존하고 책임을 지지 않는 입장에 둬서는 안 된다."

보통 사람들은 자신의 몸과 마음속에서 무슨 일이 일어나고 있는지 잘 알지 못한다. 그래서 견디기 힘들 만큼 고통스럽고 불안해지면 전문가인 의사나 상담사를 찾는다. 이때 의존 관계가 되기 쉬운데, 상담사는 내담자의 문제를 해결하는 데 힘이 되어줄 수는 있어도 직접 해결해줄 수는 없다. 단 한 번의 상담으로도 내담자의 삶의 방식은 달라질 수 있으며 그런 상담이 바람직하기도 하다. 그런데 내담자가 상담 덕분에 문제가 해결되었고 고민이 사라졌다고 생각하고 "선생님 덕분에 나아졌습니다"라거나 "선생님의 도움을 받았습니다"라고 말한다면 이제 둘의 관계는 의존 관계가 되는 것이다.

의존 관계가 되지 않으려면 어떻게 해야 하는가? 아들러 심리학의 상담을 예로 들면, 심리상담사가 일방적으로 상담을 진행하지 않도록 해야 한다.

스스로 깨닫고 스스로 해결할 것

심리치료에서는 행동이나 증상의 목적을 밝히는데, 본인은 행동이나 증상의 목적을 의식하지 못하고 있다가 상담사의 지적을 받고 나서야 비로소 떠올릴 때가 많다.

아들러 심리학에서는 이를 '해석 투여'라고 한다. 예를 들어, "네가 학교에 가지 않는 이유는 부모에게 걱정을 끼쳐 관심받고 싶어서가 아닐까?"라고 심리상담사가 물었는데 내담자가 그게 아니라며 부정했다고 하자. 이럴 때 상담사는 "본인이 모르고 있을 뿐이야"라고 말해서는 안 된다. '등교 거부를 하는 이유는 부모에게 관심받기 위해서'라는 해석을 강요해서는 안 되며, 상담사가 제시한 해석을 내담자가 거부하면 그 해석은 철회하는 수밖에 없다.

어떤 문제든 상담사가 내담자를 대신해 해결할 수는 없으며, 행동이나 증상의 목적이 분명해지면 그 목적을 달성하기 위한 더 효과적인 수단을 생각해야 한다.

앞에서 본 대학생의 예를 들면, 폭식증에 걸려 몸을 고통스럽게 하지 않고도 자신이 하고 싶은 일을 부모에게 말로 표현하면 좋겠지만, 가능하면 스스로 이 사실을 깨닫는 것이 옳다. 내담자가 증상의 목적을 스스로 생각하지 못할 때에는 무리하게 강요하지 않도록 주의하면서 문제의 해결 방법을 찾아본다.

내담자 쪽에서도 상담사가 하는 말을 납득하지 못하면 동의하지 말아야 한다. 모르는 것이나 납득할 수 없는 말을 들으면 철저하게 따져 물어야 한다.

이제까지의 설명으로 대등한 관계가 어떤 것인지 그려볼 수 있을 텐데, 부모와 자녀도 이런 관계를 맺을 수 있다. 기본적으로는 자녀의 과제에 부모가 개입할 수 없지만, 앞에서 보았듯이 자녀의 과제라도 부모가 공동의 과제로 삼을 수 있다. 실제로 부모가 자녀에게 가르쳐야 할 것은 많다.

상담의 경우에는 내담자가 자신의 문제를 해결하고 싶어 찾아온 만큼 대부분 상담사의 말을 받아들인다. 하지만 부모 자식 관계에서는 자녀가 부탁하지도 않았는데 고민 해결에 도움을 주겠다며 부모가 아이에게 말을 걸었다가는 거절당하기 십상이다. 학교에서도 마찬가지다. 교칙 위반 복장으로 등교하는 학생을 보고 뭔가 고민이 있을 것 같다며 교사가 도와주겠다고 상담을 유도하면 학생의 반발에 부딪히게 마련이다.

자녀나 학생이 도움을 요청할 때도 있겠으나, 그럴 때도 신중하게 말을 골라서 해야 한다. 일방적으로 가르치듯 말하면 아이는 거부한다. 어른에게 설교를 듣고 싶어 하지 않기 때문이다.

있는 그대로 보기

───────

애초에 상대를 이상理想적인 모습으로 보지 않는 것이 중요하다. 눈앞에 있는 사람을 보는 게 아니라 관념, 나아가 이상을 보면 상대를 있는 그대로 볼 수 없게 된다. 차츰 그 이상에서 점수를 깎는 식으로 보기 때문이다.

부모는 아이가 순순히 공부하기를 바라고 가능하면 좋은 성적을 받기를 바란다. 하지만 눈앞에 있는 아이는 매사에 부모의 말을 거역하고 공부하지 않는다. 그럴 때 부모는 현실의 아이를 보지 않고 아이를 속성화하고 이상화한다. 아이에게 이것은 사실상 명령이나 다름없다.

자녀나 부하 직원은 타인의 속성 부여에서 자유로워져야 한다고 말했는데, 그렇다면 속성을 부여하는 사람은 진정한 관계를 구축하기 위해 무엇을 할 수 있을까.

프랑스어로 '이해한다'는 콩프허드흐comprendre라고 한다. '포함한다', '포섭한다'라는 뜻도 된다. 그러나 상대방은 포섭하려 해도 반드시 빠져나간다. 또 대개는 자신과 비슷한 사람은 쉽게 포섭할 수 있고 자신과 전혀 다르면 포섭하기 쉽지 않을 거라고 생각한다. 하지만 자신과 많이 닮았다고 해서 완전히 포섭하기란, 즉 이해하기란 불가능하다. 그래서 가까운 사이일수록 그 사람을 모르겠다는 생각이 들면 더욱 놀라고 당황하게 마련이다. 인간은 반드시 '이해'를 넘어선다. 포섭에서 빠져나가는 것이다.

그럴 때 사람들은 이해할 수 없는 부분을 잘라낸다. 그리스 신화에 나오는 강도인 프로크루스테스는 나그네를 붙잡아 와서 자기 침대에 눕힌 다음, 몸이 침대보다 짧으면 억지로 잡아당겨 죽이고, 반대로 길면 침대 밖으로 튀어나온 부분을 잘라 죽였다고 한다. 상대방의 모든 것을 포용했다고 생각하는 사람은 프로크루스테스와 마찬가지로 자신이 이해할 수 없는 부분은 잘라내지만 그런 사실을 깨닫지 못한다. 상대방에 대한 '관념'을 만들고 거기에 들어맞지 않는 부분은 잘라버리거나 자신의 관념에 맞게 해석해놓고 이해했다고 생각한다.

이해하려는 쪽에서는 설령 포용할 수 없는 부분이 있더라도 그것을 잘라내서는 안 되며, 이해받으려는 쪽은 타인이 포용할 수 없는 부분에 자신의 개성이 있다고 생각해야 한다.

부모는 자녀를 자신의 기준에 맞춰 이해하려 하지 말고, 부모의 이상을 강요하는 대신 자녀를 있는 그대로 받아들일 필요가 있다. 자녀 입장에서는 자신을 있는 그대로 인정받았다고 생각할 때 부모가 자신을 이해해줄 거라 생각한다. 그런데 이해하지 못하는 경우도 있다.

눈앞의 현실을 받아들인다

자녀는 부모가 자신을 이해하지 못한다고 생각하는 게 좋다. 자신을 이해해주지 않는다고 해서 낙담할 필요도 없고, 인정받기 위해 부모에게 맞춰야 할 필요도 없다.

어떤 사람이 부모에게 앞으로 이러저러하게 살겠다고 말했다. 그러면서도 부모가 그 이야기를 이해할 수 있으리라고 생각하지는 않았다. 부모는 그의 이야기에 놀라 잠시 말없이 있다가 이렇게 말했다.

"나는 네가 하는 말을 이해할 수가 없구나. 다만 네가 하는 일이 잘못되었다는 것만은 알겠다."

부모가 이해하지 못한다고 해서 자녀의 행동이 잘못됐다고는 볼 수 없다. 부모가 자녀를 이해하지 못할 때 자녀는 부모에게 관념이 아니라 타자가 된다.

그 후 부모가 자녀를 이해할 수 있을지는 모르겠지만 자녀가 타자임을 아는 경험을 하지 않으면 부모는 자녀를 자신의 관념으로만 보았다는 사실을 깨닫지 못할 것이다.

부모는 자녀가 자신의 이해를 넘어서는 존재라는 사실을 알면 자녀로부터 자립할 수 있다. 자립한 부모는 자녀에 대해 부모 자신이 누구보다 잘 안다고 말할 수 없다. 오히려 이해할 수 없다는 사실을 알았을 때 부모는 자식을 이해했다고 할 수 있다. 자식은 부모의 소유물이 아니다. 부모의 이상과 달라도, 문제 행동을 해도 자식을 있는 그대로 보고 받아들이는 데서 시작할 수밖에 없다.

어른들의 관계도 마찬가지다. 앞서 딸의 이야기를 했던 철학자 모리 아리마사가 여성을 향한 동경과 그리움, 그리고 희미한 욕망을 처음으로 느꼈을 무렵의 이야기를 썼다.[54] 실제로 모리는 그 동경하던 여성과는 한 마디도 나누지 않았다. 아무 말

제9장 완전하게 이해하지 않아도 된다

도 나누지 않은 채 여름이 끝났고 그녀는 가버렸다. 그런 그녀에 대해 모리는 "완전히 주관적으로, 대상과의 직접적인 접촉 없이 하나의 이상적 모습을 만들어냈다." 그 이상적 모습은 실제 그 여성이 아니라 모리가 상상한 '원형'에 지나지 않았다.

이렇게 그 여성은 영원히 모리 안에서 원형으로 살아갈 수 있었다. 이처럼 실제로 눈앞에 있는 사람을 관념으로만 볼 때가 있다. 동경하는 사람은 관념의 산물이라 할 수 있는데 말을 주고받은 적도 없는 사람을 어떻게 좋아할 수 있단 말인가.

부모가 나이가 들어 예전에는 할 수 있었던 일을 하지 못하게 될 때, 자식이 그 사실을 받아들이기는 쉽지 않다. 하지만 이 경우에도 있는 그대로의 부모를 받아들이는 것에서 시작하는 수밖에 없다.

부모가 자식에게서 이상을 볼 때 그 이상은 세상의 많은 사람이 공유하는 부모의 소망이자 아직 한 번도 현실의 자식이 도달한 적이 없는 모습이다. 반면에 부모가 늙어 이것도 저것도 할 수 없게 됐을 때, 자식이 부모에게 갖는 이상은 지금은 하지 못하지만 과거에는 분명히 부모가 척척 해냈던 일이다. 그래서 현실과의 괴리감이 크게 느껴진다.

설령 부모가 얼마 전의 일도 기억하지 못하게 됐다 해도, 과거의 부모 모습을 기준으로 점수를 깎을 게 아니라 현실의 부모를 받아들이고 거기서부터 더해나가야 한다.

타인을 이해할 수 없다는 것을 아는 일

사람은 정말로 서로를 이해할 수 있을까? 절대로 이해할 수 없다고 생각하는 것도, 반드시 이해할 수 있다고 생각하는 것도 잘못이다. 상대방을 이해하고 있다고 생각하면 그 사람이 가깝게 느껴질지 모르지만, 가깝다고 느끼는 것 자체가 착각일지 모른다.

이해할 수 있을 거라 생각해도 이해하지 못한다. 가까운 사이라도 모두가 똑같이 느끼고 생각하는 것은 아니기 때문이다. 그것을 아는 것과 모르는 것은 천지차이다.

작가 김연수는 말했다. "나는 다른 사람을 이해한다는 일이 가능하다는 것에 회의적이다."**55** 그는 또 '겸손한 문장'이 좋은 문장이라고 하면서, "타인에 대해서는 쓸 수 없다, 타인을 이해한다는 것은 불가능하다, 이러한 인식 아래에서 쓰는 문장이 바로 겸손한 문장"**56**이라고 했다.

즉 김연수는 타인에 대해서는 쓸 수 없다는 걸 알고, 타인을 이해하는 것은 불가능하다는 걸 안다면 '겸손한 문장'을 쓸 수 있다고 말한다.

타인을 이해할 수 없다 하더라도, 거기서 끝나버리면 타인과 공생할 수 없다. '타인은 이해할 수 없는 존재이니 상대하지 말자'가 아니라, 이해할 수 없다고 전제하면 이해하고 있다고 생각하는 것보다 상대를 훨씬 더 잘 이해할 수 있으니, 김연수의 말을 빌리자면 겸손해질 수 있다.

많은 부모들이 자녀를 누구보다 잘 안다고 생각한다. 하지만 자기가 낳은 자식이라고 해서 잘 아는 건 아니다. 오히려 자신이 아이를 가장 잘 이해하고 있다고 생각하는 탓에 더 아이를 이해하지 못한다.

갓난아기 때는 아이가 말을 하지 못하니 갑자기 울음을 터뜨려도 도대체 뭘 원하는지 알 수가 없고 좀처럼 울음을 그치지 않아서 난감했던 부모가 많을 것이다. 그럼 아이가 말을 하게 되면 아이를 이해할 수 있을까. 그렇지 않다. 아이를 안다는 확신이 아이를 이해하는 데 방해가 되기 때문이다.

이해와 사랑의 역학

———

인간은 원래 이해할 수 없는 존재인지도 모른다. 하지만 그렇다고 해서 절망할 필요는 없다. 김연수는 이렇게 말한다.

내가 희망을 느끼는 건 인간의 이런 한계를 발견할 때다.[57]

한계가 있어도 희망은 있다. 한계가 있다는 사실을 깨닫지 못할 때는 상대를 깊이 알려고 노력하지 않는다. 상대를 완전히 이해하지 못하면, 또 그런 한계가 있다는 사실을 알면 상대를 더 알고 싶어지지 않을까?

우린 노력하지 않는 한, 서로를 이해하지 못한다. 이런 세상에 사랑이라는 게 존재한다.[58]

상대를 이해하고 싶고 이해하려고 노력하는 것, 이것이 사랑이다. 단순히 함께 있는 것만으로는 좋은 관계를 맺을 수 없다. 서로를 이해하려는 노력이 필요하다. 쉬운 일은 아니지만, 상대를 더 잘 알려고 하는 노력은 기쁨의 노력이다.

그리고 다른 사람을 위해 노력하는 이 행위 자체가 우리 인생을 살아볼 만한 값어치가 있는 것으로 만든다.[59]

여기서 말하는 노력은 타인을 위해 뭔가를 하려는 노력이 아니라 타인을 이해하려는 노력이다. 우리는 혼자 살고 있지 않다. 함께 살아가는 타인을 이해하려고 노력할 때, 인생은 살아볼 만한 것이 된다.

제9장 완전하게 이해하지 않아도 된다

지배하려고 이해하는 것이 아니다

───────

상대를 지배하기 위해 이해하려는 사람이 있다. 그런 사람이 생각하는 '이해'는 진정한 이해가 아니다.

부모가 '나는 부모라서 내 아이에 대해 누구보다 잘 안다'고 여길 때, 부모는 아이의 모든 것을 다 알고 있다는 우월감, 즉 아이의 모든 걸 좌지우지할 수 있다는 우월감을 느낀다. 그러다 아이를 이해하지 못하는 경험을 하면 우월감은 열등감이 된다.

부모라도 아이를 완전히 이해할 수 없다고 생각하면 그런 자신을 받아들일 수 있거니와, 이해하지 못한 부분이 있어도 그 자체로 아이를 받아들일 수 있다. 그런데 부모라면 아이를 이해하고 있어야 마땅하다고 생각하면 아이를 있는 그대로 받아들이는 게 아니라 이해하지 못한 부분은 보지 않음으로써 아이의 모든 것을 알고 통제할 수 있다고 믿어버린다.

이해하지 못한 부분을 보지 않으면, 혹은 이해할 수 있는 부분만 보면 실제로는 이해하지 못하는 것이다. 그런데도 이해하고 있다고 생각하면 아이와 가까운 사이로 느낄지 모르지만 실제로는 가깝지 않다. 앞에서 말한 대로 그것은 거짓 관계다.

어떤 엄마가 딸아이의 방을 청소하려고 아이 방으로 들어갔다. 가서 보니 책상 위에 아이의 일기장이 놓여 있었다. 일기장은 펼쳐진 상태였다. 엄마는 무심코 읽어버렸다. 아니다. '무심코'란 말은 사실이 아니다. 읽어도 될까 싶어 잠깐이나마 망설였을 것이다.

딸의 일기를 읽어도 된다고 생각하지는 않았을 것이다. 하지만 엄마는 다음 날도 아이의 방에 들어가 책상 위에 펼쳐진 일기장을 읽었다. 같은 행동이 일주일 넘게 계속됐다. 그런데 어느 날 일기를 보니 거기에 이렇게 적혀 있었다. "엄마, 대체 언제까지 이럴 작정이에요?"

엄마가 딸의 일기장을 읽은 건 단지 호기심 때문만은 아니었다. 직접 속내를 나눠본 적이 없는 딸이 무슨 생각을 하는지, 부모가 모르는 데서 뭘 하는지 알 수 없어 불안했다. 그래서 일기를 읽어서 딸이 무슨 생각을 하는지, 뭘 하고 다니는지 알려고 했던 것이다.

만약 일기에 부모의 이해를 넘어서는 내용이 적혀 있다면 어땠을까? 엄마는 읽지 않은 걸로 하거나 자신이 이해할 수 있는 범위에 맞춰 읽으려 할 것이다. 또한 아이가 왜 몰래 일기장을 봤다고 원망하면 적반하장으로 왜 그런 일기를 썼느냐며 따져 물을 것이다. 따라서 그저 아이를 이해하기 위해 읽은 것이 아니다.

부모인 자신에게 아이가 속내를 말하지 않아서 슬퍼하거나 화를 낼 수도 있다. 그러나 아이의 생각을 전부 알기란 불가능하며 통제할 수는 더더욱 없다. 그런데도 아이를 통제하고 지배하기 위해 아이를 이해하려고 한다. 이러한 이해는 자신이 좋아하는 사람을 이해하고 싶을 때의 이해와는 다르다.

다시 결정할 용기

부모의 이해를 넘어서는 행동이 문제 행동일까? 아니다. 아이가 중학교를 졸업하고 바로 취직하고 싶다고 말했다면, 그건 부모의 이해를 넘어서는 행동이다. 부모가 고학력자라면 상상하지도 못할 일일 것이다.

아이가 그렇게 말하면 부모가 화를 내고 의절하는 시대도 있었다. 지금도 그런 부모가 있을지 모르지만 그건 아이를 위한 반응이 아니다.

아이의 행동이 부모의 이해를 넘어설 때 부모가 할 수 있는 일은 두 가지다. 하나는 지금 일어나고 있는 일이 누구의 과제인지 분명하게 이해하는 것이다. 아이가 중학교를 졸업하고 바로 일하고 싶다고 하면 졸업 후의 진로는 아이의 '과제'다. 아이가 내린 결정의 결과는 오롯이 아이의 것이고 결정의 책임도 아이가 스스로 떠안을 수밖에 없다. 부모라도 아이의 과제에 함부로 관여할 수는 없다.

아이가 중학교만 마치는 건 불안하다, 고등학교에 갔으면 좋겠다고 바라는 건 부모의 과제다. 부모의 과제를 자녀에게 해결하게 맡길 수는 없다. 많은 부모들이 "너를 위해서 하는 말이야"라고 말하지만, 부모가 원하는 인생을 사는 게 아이에게 도움이 되는지는 알 수 없다. 체면 때문에 아이가 진학하기를 바란다면 솔직하게 '너를 위해서'가 아니라 '나를 위해서' 고등학교에 가달라고 부탁해야 한다. 물론 아이는 부모를 위해 살아야 할 이유가 없으니 거절하겠지만.

다만 아이의 진로는 아이의 과제이지만 부모와 아이의 공동 과제로 삼을 수는 있다. 그러기 위해서는 절차를 밟아야 한다는 것도 앞에서 말했다. 부모는 앞으로의 진로에 대해 대화를 나누고 싶다고 자녀에게 제안해야 한다. 하지만 아이가 대화를 거부하면 그것으로 끝이다. 물론 기회를 봐서 다시 이야기할 수는 있지만 아이를 몰아붙이지 말고 언제든 대화할 준비가 돼 있다고 말하는 것 외에는 할 수 있는 일이 없다.

아이를 몰아붙이지 않는 것이 중요하다. 아이에게 만약 네 선택이 나중에 잘못됐다는 생각이 들면 그때 궤도 수정을 해도 된다고 말해주면 된다.

부모가 자녀의 결혼을 반대하는 경우도 많다. 설령 자녀가 부모의 반대로 자신이 좋아하는 사람과 결혼하기를 포기했다가 나중에 부모 뜻에 따르는 바람에 불행해졌다고 원망을 한다 해도, 부모가 자식 인생을 책임질 수 있다고는 생각하지 않

제9장 완전하게 이해하지 않아도 된다

는다.

많은 사람들이 한번 결정을 내리면 그 결정에 끝까지 책임을 져야 한다고 생각한다. 하지만 나중에 어떤 일이 생길지는 누구도 예측할 수가 없다. 뭔가 잘못되었을 때 다시 결정을 내릴 용기를 가져야 한다. 부모를 거역하고 자신이 좋아하는 사람과 결혼했지만 결혼생활이 순탄하지 않았을 때, 부모에게 '그래서 반대했다'는 말을 듣고 싶지 않아서 억지로 불행한 결혼생활을 계속하거나 헤어져도 부모 곁에 돌아오지 못하는 사태는 없었으면 한다.

자녀도 부모의 뜻에 따른 책임이 있으니 부모 탓만 할 수는 없겠지만, 부모는 자녀를 몰아붙여서는 안 된다.

사랑은 놀라움에서 시작된다

———

타인을 이해할 수 있다고 생각하는 것, 나아가 타인을 이해해서 통제하려고 하는 것은 문제다. 상대방을 반드시 이해해야 한다고 생각할 필요는 없으며, 그 생각이 때로는 강박관념이 되기도 한다.

상대를 반드시 이해해야 하는 것은 아니다. 자신과 관계없는 사람이라면 특별히 관심을 갖지 않겠지만, 다른 사람이 아닌 자신의 아이에 대해서는 부모가 관심을 갖고 이해하고 있다고 여기고 싶어진다. 하지만 자식도 타인이라서 완전히 이해할 수는 없다. 적어도 아이를 이해하는 것은 쉽지 않다고 생각하고 대해야 한다. 이해하기를 바라면 이해할 수 있다고 생각하는 것은 잘못이다.

상대를 알고 싶어 하는 것 자체는 문제가 아니다. 친구든 연인이든 친한 사이가 되면 그 사람을 알고 싶어 하는 게 당연한 일이다. 하지만 절대적으로 이해해야 한다고 생각하면 강박에 사로잡히기 쉽다.

상대방의 마음을 완전히 알아야만 사귈 수 있다고 말하는 사람이 있어 놀란 적이 있다. 자신이 호의를 갖고 있는 사람이라도 상대가 자신을 좋아한다고 확신하지 못하면 고백하기를 주저한다. 당신을 이성으로 본 적이 없다는 말을 들으면 충격을 받을 것 같아 고백하기를 망설이는 사람도 있다.

이렇게 자신에 대한 상대의 마음, 나아가 상대의 느낌이나 사고방식까지 다 알려고 하는 사람이 누군가와 사귀거나 인생을 함께하는 것에서 어떤 의미를 찾으려는 건지 나는 모르겠다. 부모에게서 너는 부모인 내가 가장 잘 안다고 하는 말을 듣고는 '아, 내 부모는 나를 누구보다 잘 아는구나'라며 기뻐할 사람이 있을까? 사귈 때 상대한테서 너에 대해 모든 것을 안다는 말을 듣고 기뻐할 사람이 있을까?

　　　　　　　　제9장 완전하게 이해하지 않아도 된다

사귀거나 결혼하는 것은 두 사람 관계의 목표가 아니라 시작이자 출발점일 뿐이다. 사귀거나 생활하는 과정에서 상대방도 자신도 변한다. 두 사람의 관계도 변한다. 상대를 영원히 사랑하고 사랑받고 싶어 하는 것은 당연하다. 하지만 언제든 두 사람은 변한다는 것이 당연히 전제되어야 한다. 상대가 생각지도 못하게 변하면, 분명 상대를 이해하고 좋아한다고 생각했는데 왜 이런 사람을 좋아했을까 회의감이 들기도 한다.

　　이런 일이 생기는 이유는, 사귀기 시작했을 때는 아직 상대에 대해 잘 모르는 게 당연하다고 생각하지 않았더라도, 또 사귀기 전부터 모든 것을 알고 있어야 한다고 생각하는 사람이 아니더라도, 오랫동안 함께 지내다 보면 상대를 완전히 이해했다고 생각하게 되기 때문이다. 하지만 오래 사귀었다고 해서 상대방의 모든 것을 알 수 있는 것은 아니다.

　　자신이 상대를 이해하지 못한다고 여기면 상대를 이해하려고 노력하지만, 상대를 전부 이해한다고 여기면 굳이 이해하려하지 않는다. 상대를 언제나 이해하려고 노력하는 것이 관계를 좋게 만드는 비결이다.

　　아리스토텔레스는 "철학은 놀라움에서 시작된다"고 했는데, 연애도 놀라움에서 시작된다. 자신과 똑같이 느끼고 생각하는 사람과 사귀면 어떤 문제가 발생해도 문제를 받아들이는 방식이나 대처하는 방식이 비슷하지만 느끼는 방식이나 사고방식이 다른 사람이라면 생각지도 못한 방식으로 받아들이고 대처할 것이다. 그리고 그 모습에 우리는 놀란다.

나와 다르게 생각하는 사람이 있다는 사실을 아는 것이 인생을 풍요롭게 만든다. 이 사람은 이렇게 생각한다는 걸 알면, 이해하기는 어렵겠지만 삶은 한층 풍성해질 것이다.

이해하고 받아들이기

상대방을 이해하는 것은 지금까지 살펴본 것처럼 쉽지 않다. 하지만 상대방을 이해하려는 마음을 갖는 것은 중요하다. 부모는 자식을 이해하고 싶어 한다. 자식도 부모가 자신을 이해하려는 게 싫은 건 아니다. 가능하면 부모가 자신을 올바로 이해해줬으면 하는 자녀도 있을 것이다.

어떻게 하면 상대를 더 잘 이해할 수 있을까? 이해하려고 노력했는데도 그렇게 이해한 것이 옳은지 그른지 알 수 없다면 물어보는 수밖에 없다. 상대방을 이해한다고 생각하고 물어보지 않으면 그 독선적인 이해가 관계를 악화시킨다.

물어보고 생각지도 못한 대답이 돌아오면 받아들이는 수밖에 없다. 이 아이는 나를 좋아하는 게 틀림없어, 그렇게 생각했어도 아이가 부모를 좋아하지 않는다고 말했다면 받아들이는 수밖에 없다. 부모에게는 쉽지 않은 일이겠지만 아이가 자립하는 것이 더 중요하다. 아이의 마음을 인정하고 아이와 어떻게 관계를 맺을지 생각해야 한다.

또 한 가지 알아야 할 것은 이해하는 것과 찬성·반대하는 것은 별개라는 사실이다. 이해한다 해도 찬성할 수 없는 것, 받아들일 수 없는 게 있다. 부모가 자녀의 삶을 이해하지 못한다고 해서 그것을 잘못이라고 할 수는 없다. 찬성할 수 없다 말하고 그 이유를 설명할 수는 있지만, 찬성할 수 없어서 분노를 느끼거나 서글픈 감정이 든다면 이는 부모가 스스로 해결하는 수밖에 없다.

자녀의 입장에서 보면, 부모가 자신의 생각을 이해하기를 기대하지 못할 수도 있다. 하지만 처음부터 부모가 아무것도 이해해주지 않는다고 생각하지는 않을 것이다. 설명했는데도 부모가 이해해주지 않으면 그 사실을 받아들이는 수밖에 없다.

조금 더 깊이 들어가서, 상대방의 이해를 구하기 위해 자신의 생각을 전하는 방법이 없는 건 아니다. 자신의 생각, 의견임을 강조했는데 그 이야기를 들어주지 않는 사람은 없을 것이다. 다만 상대를 이해하고 자신도 이해해주기를 바라고 자신의 생각을 전달하는 것은 어디까지나 상대에게 힘을 보태고 싶기 때문이지, 자기 생각을 따르라고 강요하기 위해서가 아니다.

이렇게 서로 생각을 이해하려고 노력하면 설령 상대방이 자

신이 생각하는 대로 살지 않더라도 관계가 악화되는 것을 막을
수 있을 것이다.

사람은 누구나 변한다

상대를 이해하려고 노력한다고 해서 상대를 이해할 수 있는
건 아니다. 물론 상대를 이해했다는 생각이 드는 순간이 있다.
하지만 상대도, 나 자신도 끊임없이 변한다. 대상도, 관계도 두
사람이 처음 만났을 때와 똑같은 모습으로 남아 있지 않다. 그
러므로 그 사람을 알았다고 해서 그 사람이 계속 같은 사람으
로 있는 게 아니라는 사실을 잊지 말아야 한다. 그리스 철학자
헤라클레이토스는 "같은 강물에 두 번 들어갈 수 없다"고 말했
다. 강물은 흐르기에 계속 바뀌고, 어제 그 강에 발을 디딘 자신
역시 오늘의 나와 다르다. 헤라클레이토스는 "만물은 유전하며
같은 상태로 존재하지 않는다"고 말하기도 했다.

사람은 강물처럼 끊임없이 변하며, 어느 날 갑자기 전혀 다
른 사람이 되는 것은 아니지만 똑같지는 않다. 그리고 인간관
계 속에서 자신과 상대방이 변하는 것이 꼭 나쁜 것만은 아니
다. 오히려 변화를 통해 두 사람의 관계가 깊어질 수도 있다.

두 사람이 각자 달라지고 관계 역시 변하므로 영원한 사랑

이란 없다. 이는 상대방의 마음이 자신에게서 멀어진다는 의미는 아니지만, 오늘 사이가 좋다고 해도 내일 어떻게 될지 모르는 게 사실이다. 그러므로 매일 처음 만났을 때처럼 지내다 보면 어느새 오래 함께했다는 생각이 드는 날이 올 것이다.

어째서 처음에 만났을 때 느꼈던 기쁨과 놀라움이 사라지는 것일까? 함께 있는 것을 당연하게 여기기 때문이다. 상대를 '물건'처럼 소유하고 있다고 여기게 되었기 때문이다. 상대를 그렇게 생각하면 사귀기 시작했을 때처럼 함께 있기만 해도 행복했던 마음은 차츰 사라진다.

사귈 때 서로를 너무 배려하지 않아야 더 가까워진다고 말하는 사람들이 있다. 상대방의 말과 행동에 신경을 쓰고 내 말이 어떻게 들릴까 고심하는 등, 상대방에게 상처 주지 않으려고 너무 애쓰지 말라고 말이다. 그래야 편안하게 지낼 수 있고 친밀감도 높아진다는 것이다.

그러나 서로 거리낌 없이 대하며 말을 신중하게 고르려는 노력을 하지 않으면 다툼이 일어나기 쉽다. 그렇게 되지 않도록 배려하는 태도가 필요하다. 부모 자식 간에는 다소 상처 주는 말을 하더라도 웬만해서는 인연이 끊어지지 않는다. 그러나 사귀는 사람이나 함께 사는 사람, 결혼한 사람은 경우가 다르다. 가까운 사이일수록 상대의 친절에 익숙해져서 함부로 대해서는 안 된다. 종기를 만지듯이 긴장할 정도로 조심스레 대할 필요는 없지만, 자신도 모르는 사이에 상대에게 상처를 줄지도 모른다. 그런 일이 일어나지 않도록 주의하는 것은 중요하다.

타인을 이해하는 데 필요한 능력

자녀에 대해서는 부모인 자신이 가장 잘 이해하고 있다고 생각하는 부모가 사실은 다른 누구보다도 아이를 잘 이해하지 못하기도 한다. 자신의 아이를 이해하지 못하는 것 같다고 생각하는 부모가 오히려 아이를 잘 이해하는 경우도 있다.

부모라고 해서 아이를 다 이해할 수 있는 것은 아니다. 타인을 이해하기란 어려운 일이다. 그러나 우리가 아무리 노력해도 완전히 이해할 수 없다는 이유로 노력하기를 포기해버리면 타인과 함께 살아갈 수 없다. 이 점에서 '공감'하는 능력이 필요하다.

아들러는 공감을 '자신을 다른 사람과 동일시하는 능력'이라고 했다. 그에 따르면 사랑이나 결혼을 할 준비가 제대로 된 사람이 적은 이유는 '다른 사람의 눈으로 보고, 귀로 듣고, 마음으로 느끼는 것을 배우지 못했기 때문'이다.[60]

이렇듯 '다른 사람의 눈으로 보고, 귀로 듣고, 마음으로 느끼는 것'을 공동체 감각이 허용할 수 있는 정의라고 아들러는 말

제9장 완전하게 이해하지 않아도 된다

했다. 다른 사람은 자신과는 전혀 다른 견해를 갖고 있어서 '나라면 어떻게 할까(느낄까)'라는 발상에서 벗어나지 않는 한 다른 사람을 이해하는 건 불가능하다. 상대방이 자신과 다르게 느끼고 생각한다는 것을 알아야 한다. 그러기 위해서는 '나라면'이라는 자기중심적인 관점에서 생각하지 말고 상대의 입장에 서는 것, 즉 자신을 타인과 동일시하는 공감이 필요하다.

공감하는 게 쉽지 않다고들 하지만 사실 그렇게 어려운 일은 아니다. 전쟁터에서 자신이 죽이려는 상대에게도 공감할 수 있는 존재가 인간이다. 그래서 앞에서도 말했듯이 특별한 훈련을 받지 않는 한 눈앞의 적에게 방아쇠를 당기지 못하며 비행기에서 폭탄을 떨어뜨리거나 미사일을 발사할 수도 없다. 이러한 사례를 생각하면 자신을 타인의 입장에 두는 것이 가능하다는 걸 알 수 있다.

전쟁터까지 가지 않아도 아들러가 제시한 예를 보면 이해가 쉽다. 곡예사가 공중에서 외줄타기를 하는 것을 보면, 우리는 자신이 그 줄 위에 서 있기라도 한 듯이 아슬아슬함을 느낀다. 곡예사가 밧줄 위에서 비틀거리기라도 하면 관객은 자기가 떨어지기라도 하듯이 가슴이 철렁한다.

또 아들러는 수많은 청중 앞에서 연설하는 사람이 말을 하다가 갑자기 말문이 막혔을 때, 그걸 듣던 사람은 자신이 부끄러운 일이라도 당한 듯이 느낄 것이라고 했다. 하지만 이 경우에 나는 그렇게 생각하지 않는다. 말이 나오지 않는 것은 부끄러운 일이 아니기 때문이다. 말문이 막히면 비웃음을 당할까 봐 사람들 앞에서 말하기를 꺼리는 사람이 있는데, 대개 사람들은 다음 말이 나올 때까지 기다려주지, 비웃거나 하지 않는다. 물론 상대의 입장에 서 있으니 자신에게 일어난 일처럼 느끼는 건 사실이다.

한편, 세상에 무슨 일이 일어나든 남의 일인 양 강 건너 불 보듯 하는 사람이 있다. 그런 사람은 나라에 전쟁이 나도 자신이 죽임을 당할 것이라고는 생각하지 않는다. 또, 눈앞에서 일어나는 일에는 공감하지만 멀리서 일어나는 일에는 공감하기 어렵다고 느끼는 사람도 있을 것이다. 그런 사람이야말로 공감 능력이 필요하다.

앞에서도 살펴봤지만 생산성이 떨어지는 노인은 죽어도 된다고 주장하는 사람은 자신도 머잖아 늙으리라고 생각지 못한다. 자신의 부모에게는 그렇게 말하지 못하면서 눈앞에 없는 낯모르는 타인에게 그런 말을 할 수 있는 이유는 공감 능력이 현저히 결여되어 있기 때문이다.

제9장 완전하게 이해하지 않아도 된다

제 10 장

먼저 인간이어야 한다

나는 너다

에리히 프롬은 말하길, 사람은 저마다 다르지만 그 기저에는 공통적으로 '인간성humanity'이 있다고 했다. '보편적 인간'이라는 말도 썼다. 보편적 인간은 인간성을 지녔으며 특정한 공동체뿐 아니라 '인류'에도 소속되어 있다. 프롬은 인간성을 의미하는 '휴머니티humanity'를 '인류mankind'라는 의미로도 말했다.

인간은 여러 공동체에 소속되어 있다. 일하는 사람이라면 회사 등의 공동체뿐 아니라 가정이라는 공동체에도 소속되어 있다. 학생은 학교와 가정이라는 공동체에 소속되어 있다.

프롬은 사람이라면 누구나 인류에 소속되어 있다고 했다. 소크라테스가 "당신은 어느 나라에 속해 있는가?"란 질문을 받자 "세계의 시민이오"라고 대답했다는 이야기가 전해진다. 이

때 질문한 사람은 소크라테스의 대답이 의미하는 것을 바로 이해하지 못했을지도 모른다. 국가를 초월한 보편적 정의를 문제 삼았던 소크라테스는 자신을 폴리스라는 좁은 공동체의 일원으로만 여기지는 않았던 것이다.

1930년대 말부터 1945년까지 일본에서는 사람을 힐난할 때 "그렇게 하고도 네가 일본인이냐?"라고 묻는 것이 유행했다. 이 질문의 의미는 '그렇게 한다면 일본인이 아니다'이다. '그렇게 하고도'에서 '그렇게'는 상대방의 말이나 행동을 가리키며, 힐난하는 쪽은 '그렇게' 하는 말과 행동이 일본인의 규격에 맞지 않는다고 보았다.

1945년 3월 31일 밤, 시라이 겐자부로白井健三(프랑스 문학 번역가. 당시는 해군 군령부 근무)에게 "자네, 그러고도 일본인이라고 할 수 있는가?"라고 묻는 사람이 있었다. 시라이는 침착하게 대답했다.

"아니, 먼저 인간일세."

"먼저 인간이라는 게 무슨 말인가. 우리, 일본인이 먼저가 아닌가?"

"아니야, 어느 국민이라도, 인간이 먼저야."

이 이야기를 전한 저술가 가토 슈이치加藤周一는 이렇게 말했다.

인권은 '인간'에게 먼저 있지, '일본인'에게 먼저 있는 게 아니다. 국민 다수가 '그러고도 일본인이라고 할 수 있나'라고 묻는 대신에 '그러고도 인간이라고 할 수 있는가'라고 묻기 시작할 때 비로소 헌법은 활용되고, 인권은 존중되며, 이 나라는 평화와 민주주의로 가는 확실한 길을 찾을 것이다.[61]

먼저, 일본인이든 누구든 사람은 '인간'이다. 국가 이전에 인류에 속해 있다는 뜻이다. 시간적 전후를 뜻하는 게 아니다. 일본인이면서 인간이지만, 인간이라도 당연히 일본인이 아닐 수 있다. 그러나 인간이 아닌 사람은 없다.

'일본인'이면서 '인간'이 아닌 사람은 없지만 인간이라는 것, 인류라는 공동체의 일원이라는 것을 의식하지 않는 사람은 일본 고유의 가치관밖에 이해하지 못하는 사람이다. 일본에서 나고 자란 사람은 일본이라는 공동체의 가치관을 상식으로 익혀서인지 그와는 다른 가치관을 가진 다른 공동체에 소속된 사람을 잘 이해하지 못할 때가 있다.

프롬은 이해에 관해 이렇게 말했다. "인간이 타인을 이해할 수 있는 것은 둘 다 같은 인간 존재의 요소를 나눠 갖고share 있기 때문이다."[62] 여기서 '인간 존재의 요소'는 '인간성'이다. 지성, 재능, 신장, 피부색 등에 차이가 있어도 '인간의 조건'은 하나이며 모든 사람에게 동일하다. 이 '인간의 조건'도 인간성이

제10장 먼저 인간이어야 한다

다. 누구나 인간성을 나눠 갖고 있기에 타인을 이해할 수 있는 것이다.

프롬은 타인을 이해하기 위해서는 '외부인'이어야 한다고 말한다. 이때 '외부인'이란 특정한 공동체가 아니라 세계를 자신의 집으로 삼는 사람, 세계 시민이다. 자신이 속한 문화나 사회에 얽매여 있는 동안에는 상대와 자신의 공통된 것(인간성)이 보이지 않아 상대를 이해하지 못한다. 외부인은 '인류'에 소속되어 있어 어느 공동체에 소속된 사람이라도 '인간'으로서 이해할 수 있다.

이 인간성을 보기 위해서는 어떻게 해야 할까. 프롬은 다음과 같이 설명한다.

> 우리의 의식은 전적으로 우리가 속한 사회와 문화를 드러내고 무의식은 각자의 안에 있는 보편적 인간을 드러낸다.[63]

여기서는 인간성을 보편적 인간이라고 바꿔 말하고 있다. 누구에게나 공통되는 인간성은 의식화하지 않으면 알 수 없다. 의식화할 수 있다면 자신 안에 있는 모든 인간성을 경험할 수 있다. 우리 각자는 아이이자 어른이고 정신이 멀쩡한 사람이자 미친 사람이며, 죄인이자 성자이고 과거의 인간이자 현재의 인간이다.

모든 인간성을 경험하고 나면 '나는 너'[64]임을 알 수 있다. 이는 가령, 누군가 죄를 지은 걸 보았을 때 나라면 그런 짓을 하지 않았을 거라고 생각하는 게 아니라 나도 같은 상황에 처했다면 똑같이 행동했을지도 모른다고 생각하는 것이다.

불안해하고 분노를 느끼는 건 부모만이 아니라 아이도 마찬가지다. 그렇게 생각한다면, 불안이나 분노를 부모와 아이가 함께 지닌 인간성으로 이해하고 협력해 극복할 수 있다고 여길 것이다. 분노하고 불안해하고 심하게는 죄를 짓는 것이 바람직한 일은 아니지만, 우선 그런 일들이 자신과는 무관하다고 생각하면 공감하지 못하고 따라서 그런 사람을 이해하지 못한다.

타인을 받아들여야 내 세계가 변한다

앞서 밝혔듯 아들러는 '공동체 감각'을 처음에 '게마인샤프츠게퓔*Gemeinschaftsgefühl*'이라고 했다. 그가 '공동체'를 '게마인샤프트*Gemeinschaft*'라고 한 것은 주목할 가치가 있다. 이 말은 이익사회를 뜻하는 게젤샤프트*Gesellschaft*와 대비되는 공동체를 의미한다. 즉 원래 게마인샤프트는 공동체 내부의 결속은 강하지만 외부에 대해서는 적대적인 사회를 뜻하는 말이었다. 그런 사회는 후발 주자가 구성원이 되기가 어렵고, 그렇게 소속되었다

하더라도 언제까지나 외부인일 수밖에 없다.

요즘 시대에도 이러한 게마인샤프트가 숱하게 많다. 폐쇄적인 공동체는 소속된 구성원과 가치관이 다른 사람을 배제하려고 한다. 그 안에 있는 사람들끼리는 사이가 좋지만 '이단자'는 배제한다. 종교라면 정통파는 이단 종파를 배제한다. 학계의 경우 자유롭게 연구하는 것을 전제로 하면서도 이견을 허용하지 않는 폐쇄적인 학회가 있다(그런 학회를 학회라고 할 수 있을지 의문이다). SNS에도 명확하게 드러나지는 않지만 폐쇄적인 그룹이 있는데, 그 그룹 안에서 발언하는 것에 특별한 절차가 필요 없는데도 발언했다가 무시를 당하기도 한다.

폐쇄적인 공동체는 뜻을 같이하지 않는 외부인을 받아들이지 않으므로 변화하지 않는다. 다른 생각을 가진 사람이 기존 공동체를 흔드는 일이 없어서 안정적이지만 발전하지 못한다.

이러한 원래 의미와 달리, 아들러가 말하는 공동체는 폐쇄적인 공동체가 아니라 외부 세계에 무한히 열려 있는 공동체로 그 범위가 넓다. 자신이 소속된 가족, 학교, 직장, 국가, 인류까지 모든 것을 아우르며, 과거·현재·미래의 모든 인류, 나아가 살아 있는 것도 살아 있지 않은 것도 포함한 이 우주 전체를 가리킨다.

아들러는 공동체를 기존의 사회로 여기지 않았다. 그는 이렇게 말했다.

"결코 현재의 공동체(게마인샤프트)나 사회(게젤샤프트)가 중요하지 않으며 정치적 또는 종교적 양식도 문제가 되지 않는다."[65]

이와 달리 공동체 감각을 기존 공동체를 향한 귀속감, 소속감으로 파악하면, 게다가 그 공동체가 외부 세계에 열려 있지 않고 더 큰 공동체의 이해득실을 고려하지 않으면 전체주의가 된다.

자기만 생각하지 말고 모두를, 전체를 생각해야 한다는 말을 흔히 듣는다. 듣기에는 그럴싸하지만, 개인보다 전체를 우선해야 한다고 생각하는 사람은 실제로는 전체를 생각하지 않는다. 전체로서 국가를 생각하는 사람 중에도 국익이 아니라 사익만 챙기는 사람도 있다. 그런 사람은 진정으로 전체를 생각하는 게 아니라서 누군가 희생되는 것을 아무렇지 않게 여긴다.

공동체는 또한 지금 세대만이 아니라 과거부터 현재, 미래까지 면면히 이어지는 모든 세대를 아우르므로, 지금 세대를 사는 사람들 간의 유대뿐 아니라 앞으로 태어날 세대와도 공생하지 않으면 안 된다. 지금이 좋으면 나중에 어떻게 되든 상관없다는 말이 아니라는 뜻이다.

'미트멘슐리히카이트*Mitmenschlichkeit*'가 '사람과 사람 사이의 연결*mit*', '친구*Mitmenschen*'를 뜻한다고 앞에서 보았는데, 연결되어 있는 사람이 자신이 속한 공동체 안의 사람임은 물론, 공동

체 밖에 있는 사람일지라도 상관없다. 오히려 공동체 안에 있
는 사람으로만 한정해서는 안 된다.

'적'임을 알고도 돕는 마음

―――――

아들러의 공동체 감각을 예수가 말한 이웃 사랑과 같은 개
념으로 볼 수 있다는 점도 앞서 이야기했다. 예수도 외부에 열
려 있는 공동체를 생각했다. 어떤 율법학자가 "무엇을 하면 영
원한 생명을 얻을 수 있는가?"라고 묻자, 예수는 율법에 뭐라고
쓰여 있는지 물었다. 율법학자는 주인 하느님을 온 마음으로
사랑하고, 이웃을 자기 자신처럼 사랑하는 것이라고 대답했다.
예수는 그것이 옳은 대답이니 그렇게 하라고 말했다. 그러나
"내 이웃은 누구인가?"라고 묻는 율법학자에게 예수는 바로 대
답하지 않고 다음과 같은 사마리아인의 비유를 들려주었다. 이
웃을 정의한다고 해서 이웃을 사랑할 수 있는 것은 아니다. 그
사실을 알고 있었던 예수가 이렇게 대답한 것이다.

한 유대인이 강도에게 습격당해 쓰러져 있었다. 그곳을 지나
가던 사제와 레위인(하급 사제)은 못 본 척하고 지나갔다. 그런
데 쓰러진 유대인을 보고 가엾게 여긴 한 사마리아인이 가까이
다가가서 상처에 기름과 포도주를 붓고 붕대를 감은 뒤 당나

귀에 태워 여인숙으로 데려가서 돌봐주었다. 다음 날 숙박비도 부담했다. 사마리아인에게 자신들을 차별하고 냉대하는 유대인은 본래 '적'이자 원수였지만, 이 사마리아인에게 상처 입은 유대인은 '이웃'이었던 것이다. 예수는 말했다. "가서 너도 똑같이 하여라."

사제와 레위인은 다친 사람을 보자 피라도 묻을세라 길 건너편으로 돌아서 갔다. 율법학자는 율법에 이웃이 누구인지 쓰여 있다는 것을 알고 있었다. 율법학자는 성경에 기록되어 있어서 이웃을 사랑해야 한다고 생각했을지도 모른다. 그러나 사마리아인은 의무감으로 유대인을 도운 게 아니다. 사마리아인에게 유대인은 '적'이지만, 그와는 관계없이, 즉 다친 사람이 유대인이라는 사실에 아랑곳하지 않고 그를 도왔다.

사람을 도우려 해도 도울 수 없을 때가 있다. 길에 쓰러져 있는 사람을 보고도 모른 척 지나가는 사람이 있다. 도와주고 싶어 신경이 쓰이면서도 자기 사정이 있어 그 자리를 떠나는 사람도 있을 것이다. 이 사마리아인은 자신의 일을 중단하고 유대인을 도왔는지도 모른다.

나는 '가엾게 여겨서'라고 번역했지만 신학자인 야기 세이이치는 '가슴이 아파서'라고 번역했다. 사마리아인이 상처 입은 유대인을 도운 것은 강제나 율법적 의무 때문이 아니었다. 가슴이 조여오는 아픔을 느껴 자발적으로 도와준 것으로, '인간 본성에서 나온 자연스러운 행위'[66]였다.

> 예수는 어떠한 조건 아래서 누구에게 무엇을 행해야 하는가
> 하는 윤리 매뉴얼과 같은 형태로 신의 의지를 설파하지 않
> 았다. 그의 사상은 법도 윤리도 아니었던 것이다.[67]

사마리아인은 국가나 민족의 차이에 전혀 아랑곳하지 않고, 의무감 때문이 아니라 그저 인간을 도우려고 달려왔다. 공동체를 아들러처럼 넓은 의미에서 바라보면 상대가 유대인이라고 해도 상처를 치료해야 하는 것이다.

기원전 429년 펠로폰네소스 전쟁 중에 그리스 아테네에 전염병이 크게 번졌다. 이 병에 대해 그리스 역사학자 투퀴디데 *Thucydides*가 《펠로폰네소스 전쟁사》에서 상세하게 전한다.

건강했던 사람들도 갑자기 고열에 시달렸고, 머리에서 시작된 증상은 순식간에 온몸으로 퍼져 많은 사람이 죽었다. 가족들조차 감염을 두려워한 탓에 간호하는 사람이 없어 환자는 혼자 죽어갔다. 그런 상황을 보며 부끄럽게 여긴 자비로운 사람은 자신을 돌보지 않고 아픈 친구를 보살피러 갔고, 그 때문에 병이 옮아 죽었다. 누구의 간호도 받지 못하고 죽어가는 사람을 보고 '나를 돌보지 않고' 도우려 했던 사람은 사마리아인과 같은 마음이었을 것이다.

모두와 연결되어 있다

―――――

다른 사람을 도울 때 그 사람이 누구인지, 어느 나라 사람인지는 중요하지 않다. 의무적으로 돕는 것도 아니다. 곤경에 처한 사람을 보고 '가슴이 아픈 느낌'이 들었다면 그게 전부다.

나아가 전쟁을 벌이기 위해 인위적으로 증오와 분노를 불러일으켜야 한다는 사실을 생각해보면, 타인에게 그런 감정을 갖는 것이 당연하지 않음을 알 수 있다.

상대를 도우려고 할 때 그 사람의 출신이나 배경은 문제가 되지 않는다. 자신과 같은 휴머니티, 인간성을 상대 안에서 발견하여 도우려 하는 것이다. 상대가 적이어도 관계없다.

휴머니티에는 '인류'라는 의미도 있지만 돕고자 하는 상대는 결코 무명의 인간이 아니다. 이는 앞에서도 지적했다. 아들러는 다음과 같이 말했다. "중국 어디에선가 아이가 맞고 있다면 우리가 책임을 져야 한다. 이 세상에서 우리와 관계없는 사람은 아무도 없다."[68]

이 아이는 우리 눈앞에 있지는 않지만 결코 무명의 인간이 아니다. 아이가 맞고 있는 것을 자기 일처럼 느끼는 것은 자신과 타인의 공통점, 인간성을 공유하고 있기 때문이다. 프롬의 말을 빌리면 이때 '나는 너'가 된다는 것이 바로 무명의 인간을 대상으로 하지 않는 진정한 인류애다.

제10장 먼저 인간이어야 한다

도와주리라는 믿음

도움을 청하는 사람에게 손을 내밀어도, 선한 사마리아인의 비유에서 말하듯이 '적'을 사랑할 수는 없다고 생각하는 사람도 있을 것이다.

사랑에 대한 아들러의 생각은 "원수도 사랑하라"고 했던 예수의 이웃 사랑에 가깝다. 응석받이로 자란 사람이 "나는 이웃을 사랑해야 하는가, 내 이웃은 나를 사랑하는가"라고 물었을 때 아들러가 한 대답이 그러하다. 꼭 응석받이로 자란 사람이 아니더라도, 다른 사람이 나를 사랑해주는 것도 아닌데 왜 내가 다른 사람을 사랑해야 하느냐고 묻고 싶어질 것이다.

프로이트는 예수의 이웃 사랑에 의문을 품었다. 그는 앞서 보았듯 "네 이웃이 너를 사랑하는 것처럼 네 이웃을 사랑하라"라면 이의가 없다고 말했는데, 네가 나를 사랑한다면 나도 너를 사랑한다고는 누구나 말할 수 있을 것이다. 프로이트는 이웃이 사랑해야 할 존재라기보다는 오히려 적이라서, 사랑하라는 계율은 더욱 부당하다고 지적한다. 자신의 가족이나 친한 사람에게는 사랑을 베풀지만 생판 모르는 사람은 사랑할 수 없다. 하물며 적을 어떻게 사랑한단 말인가. 이는 지극히 상식적인 생각처럼 들리는데, 과연 그럴까?

프로이트는 이웃 사랑이 '이상 명령'이자 인간 본성에 반하는 것이며, 낯선 사람은 사랑할 가치가 있기는커녕 적의, 심지어 증오를 불러일으킨다고 말한다.

"왜 그렇게 해야 하는가? 그렇게 하는 것이 어디에 도움이 되는가? 무엇보다 이 명령을 어떻게 실행할 것인가?"[69]

아들러는 프로이트의 이러한 의문을 가리켜 사랑받는 것만 생각하는 사람의 의문이라고 말하며, 설령 누구도 나를 사랑해주지 않는다 해도 나는 이웃을 사랑하겠노라고 일축한다.[70]

아들러는 이렇게 '이웃을 사랑하겠다'고 말했지만, 이웃을 사랑하기 위해 꼭 큰 결심이 필요한 건 아니다. 프로이트는 다음과 같은 예를 들었다. 만약 이웃이 내 친구의 아들이라면, 나는 이웃을 사랑할 수밖에 없을 것이라고. 이웃에게 고난이 닥친다면 그의 아버지인 내 친구는 고통을 느낄 것이고, 그러면 나도 친구의 고통을 분담해야 하며, 직접 친구의 아들에게 힘이 되고자 할 것이라고 했다.

여기서 말하는 고난은 꼭 강도에게 습격당해 다치는 사고 같은 것만은 아닐 테지만, 누군가 곤경에 처했을 때 조건을 다는 것, 다시 말해 이 사람은 돕지만 저 사람은 돕지 않겠다고 하는 구별은 필요치 않다. 남에게 도움을 청할 때, 나를 도와줄 거라는 기대가 없다면 도움을 청하지 않을 것이다. 위급한 상황에서 우리가 부모 형제나 친구에게만 도움을 청하는 건 아니다. 누구에게나 청할 것이다. 앞서 말했듯, "다른 사람들을 처음부터 도와줄 사람으로 믿고 있어서 부르는 것이다."**71**

도와달라는 요청에 도움의 손길을 내미는 것은 이 믿음의 소리를 들어서이다. 그렇기 때문에 대다수 사람들은 그냥 지나칠 수 없다. 이렇게 생각하면, 예수가 말하는 '이웃 사랑'은 결코 비현실적인 주장이 아니며, 인간의 본성에 반하지 않는다고 말할 수 있다.

진정으로 사랑한다는 것

유일무이한 '너'와의 만남

타인이 곤경에 처했을 때 도와주려면 타인에게 공감할 수 있어야 한다. 이때 타인이 '친구'라서 공감한다기보다는 공감하지 않을 수 없다는 사실이 타인이 친구임을 보여준다. 도움을 청하는 타인의 목소리에 귀를 막을 수는 없는 것이다. 이처럼 도움을 바라는 사람이 누구든 간에 도움의 손길을 내밀려고 하는 것을 예수는 '사랑'이라고 한다.

지금까지 이야기해온 이웃 사랑이야 그렇다 치고 보통의 사랑은 배타적인 것이 아니냐고 생각할 수도 있을 것이다. 오히려 다른 사람을 사랑하지 않고 너'만'을 사랑한다는 배타성이 사랑의 증거라고 생각하는 사람이 많다.

다른 사람을 사랑하지 않는 것이 상대방을 사랑하고 있다는

제11장 진정으로 사랑한다는 것

증거라고 생각하거나, 반대로 자신을 사랑한다면 다른 사람을 사랑하지 않는 것은 물론이고 눈도 돌려서는 안 된다고 상대방에게 요구하는 사람이 있다. 그런 배타적인 사랑밖에 모르는 사람에게는 '원수를 사랑하라'고 말해도 그 뜻을 금방 이해하지 못할 것이다. 나는 이 배타적인 사랑이 거짓된 관계라고 생각한다.

하지만 사랑은 배타적이라고 생각했던 사람도, 도움을 청하는 사람이 있으면 반드시 도와주려 한다는 점이나 자신도 도움받았던 경험을 떠올린다면, 특정한 사람에게만 관심을 쏟는 '배타적'인 사랑이 오히려 특이하다는 사실을 깨닫게 될지도 모른다.

에리히 프롬에 따르면 사랑은 능력의 문제, 그것도 사랑하는 능력의 문제이다.[72] 이 능력은 특정한 사람만 대상으로 하지 않으며 다른 사람을 배제하지 않는다. "저 사람은 싫지만 너는 좋아"라고 말하는 사람은 사랑할 능력이 있다고 말할 수 없다. 철학자 사콘지 사치코左近司祥子는 고양이를 좋아하면 더러운 길고양이도 보드라운 페르시안 고양이도, 어떤 고양이도 귀엽다고 말했다. 진정으로 고양이를 좋아하는 사람이라면 고개를 끄덕일 것이다. 그 연장선상에서 말하자면 "저 사람은 싫지만 너는 좋아"라고 말하는 사람은 정말로 사람을 사랑한다고 말할 수 없다.

사랑받는 사람의 입장에서 말하자면, 누군가 곤경에 처해 있는데도 아무렇지도 않게 그 자리를 떠날 수 있는 사람이 '당신을 사랑한다'고 고백한다면 조금도 사랑받는 기분이 들지 않을 것이다.

연애가 특정한 사람에게만 한정되는 배타적인 사랑이라는 생각에는 문제가 있지만, 연애에는 개인적인 면이 있는 것도 사실이다. 다른 사람을 대신할 수 없는 유일무이한 내가 유일무이한 너를 사랑한다는 행위니까.

"저 사람은 싫지만 너는 좋아"라고 말하는 사람이 사랑하는 '너'는 유일무이한 존재는 아니다. 마음이 변하면 바로 다른 사람을 사랑할 수 있기 때문이다. 즉, 유일무이하지 않고 다른 사람으로 대체될 수 있는 것이다.

그렇다면 어떻게 해야 유일무이한 사람을 만날 수 있을까? 거리에서 스쳐 지나가기만 해서는 만날 수 없다. 학교나 직장에서 안면이 있다고 해도 그것만으로는 사람을 만났다고 할 수 없다.

철학자 마르틴 부버*Martin Buber*는 인간 세계에 대한 태도에는 '나-너' 관계와 '나-그것' 관계가 있다고 말한다.[73] '나-너' 관계에서는 나는 너를 전인격으로 대하지만, '나-그것' 관계에서는 나는 너를 대상(그것)으로서 경험한다. 말을 주고받지 않고 사람을 대상화하는 '나-그것' 관계에서는 상대가 '물건'과 같다. '나-그것' 관계와 '나-너' 관계의 결정적 차이는 상대와 말을 주고받느냐 아니냐에 있다.

처음 만난 사람인데도 전부터 알고 있었던 것 같은 느낌이 들면 더 호의를 느낄 수는 있겠지만, 그 사람은 '너'와 만난 것이 아니다. 좋아하는 사람에 관한 자신의 이상이나 관념에 끼워 맞추려는 것뿐이다.

사랑은 배타적이지 않다

————

사랑하는 사람이라면 그 사람이 유일무이한 사람이라는 것을 당연하게 여길지도 모른다. 그렇다면 도움을 청하러 온 사람은 다른 누가 대신할 수 있는 존재인가? 그렇지 않다.

사랑은 원래 배타적인 게 아니다. 누구든 사랑할 수 있는 능력이 있는 사람만이 자신이 사랑하는 사람을 유일무이한 '너'로서 사랑할 수 있다. 이것이 이웃 사랑의 본래 의미다.

눈앞에 도움을 바라는 사람이 있다면 그때 그 사람은 유일무이한 '너'다. 물론 그 사람과의 관계는 오래 지속되지 않을 것이다. 도와줬어도 이름조차 밝히지 않고 떠나는 사람도 있을 것이다. 하지만 도움을 주려 했던 사람은 '그때' '그 자리에' 있던 '너'이다.

도움을 청한 사람이 누구인지는 문제가 되지 않는다. 사랑은 대상의 문제가 아니라고 했던 프롬의 말에 놀라는 사람이 많은데, 도움을 청하는 사람에게 이 사람은 내가 모르는 사람이라며 거절하는 사람은 누구도 사랑할 수 없다.

반면에 누구나 사랑하는 사람이라고 해서 아무나 사랑하는 것은 아니다. 도스토옙스키의 소설《카라마조프가의 형제들》에서 조시마 장로가 어떤 사람의 말을 듣고 그대로 전했다. "나는 인류를 사랑하지만, 나 자신에게 놀랄 때가 있다. 왜냐하면 인류 전체를 사랑하면 할수록 개개인, 즉 한 사람 한 사람에 대한 애정이 약해지기 때문이다."

인류를 위해서라면 십자가에 못 박히는 것도 상관하지 않으면서 가까이에 있는 사람은 별것 아닌 일로도 증오하게 된다. 이어서 인용하자면, "개개인을 증오할수록 인류 전체에 대한 나의 사랑은 더욱 격렬해진다고 그 사람은 말했어."

과연 이 사람처럼 '인류 전체'는 사랑하지만 '개개인'은 사랑할 수 없는 것일까? 인류를 사랑하는 것과 개인을 향한 애정이 줄어드는 것은 인과관계가 아니다. 인류를 향한 사랑이 늘어나서 개인을 향한 사랑이 줄어드는 건 아니니 말이다. 개인을 사랑하지 않기 위해서, 나아가 개인을 미워하기 위해서 인류를 사랑한다고 말하는 것뿐이다.

여기서 '인류'를 '국가'로 바꾸어 생각해보면, '국가'를 향한 사랑(애국심)과 '개인'을 향한 증오의 경우 어디에 문제가 있는지 명확해진다.

전쟁을 시작할 때는 적국을 향한 증오와 분노가 필요하므로 국가가 국민에게 적의를 부추긴다. '귀축미영鬼畜米英(귀신과 짐승 같은 미국과 영국이란 뜻으로, 제2차 세계대전 당시 일본 제국이 쓰던 선전 용어—옮긴이)'이라는 캠페인 역시 그런 의도에서 벌인 것이다. 하지만 눈앞에 보이지 않는 사람을 미워할 수는 없다. 전쟁 중에는 적국 사람을 한 번도 본 적이 없는 사람이 있을지도 모르지만, 요즘과 같은 시대에는 다른 나라 사람과 직접 교류하지 않더라도 짐승이라고 생각하는 사람은 없을 것이다.

물론 국가나 민족을 대상으로 한 증오 범죄를 생각하면 그 증오의 대상은 특정 개인이 아니다. 그렇다고 해서 그 나라 사람 전체를 미워할 수 있느냐 하면 그것은 불가능하다. 사랑도 증오도, 심지어 분노도 본래 눈앞에 있는 사람에게만 향할 수 있다. 눈앞에 있는 그 사람을 사랑하고, 분노하고, 증오하는 것이다.

개인을 향한 증오를 불러일으키기 위한 또 하나의 방법은 국가 사랑, 애국심을 북돋우는 것이다. 애국심이 커지면 개인을 향한 사랑이 줄고 증오가 늘어난다는 논리다.

여기에는 두 가지 문제가 있다. 첫째, 개인을 사랑할 수는 있어도 실체가 없는 익명의 사람이나 국가, 나아가 인류를 사랑할 수는 없다는 점이다. 둘째, 국가를 사랑할 수 있고 앞의 소설에서처럼 인류를 사랑하게 될수록 개인을 향한 사랑이 줄어들고 증오가 늘어난다 해도, 그 개인은 '같은' 인류에 속해 있으므로 한 나라를 사랑한다고 해서 '다른' 나라에 속한 사람을 사랑하지 않고 더 미워한다는 것은 논리적으로 말이 안 된다. 국가라는 틀 안에 사람을 두고, 어떤 국가에 속한 사람을 사랑하거나 미워하는 것이 잘못인 것이다.

진정한 사랑은 자유를 추구한다

———

공동체를 구성하는 최소 단위는 '나'와 '너'다. 사랑하는 두 사람으로 이루어진 공동체에 타인이 끼어드는 것을 꺼릴 때가 있다. 이 경우 두 사람의 공동체는 배타적이 된다. 연애의 경우, 앞에서 보았듯이 이를 당연하다고 생각하는 사람이 많은데, '나'와 '너'로 구성된 공동체도 밖으로 열린 공동체라고 생각한다면 나와 너도 밖으로 열려 있어야 한다.

이와 관련해 생각해볼 문제가 있다. 모리 아리마사는 다음과 같이 말했다.

사랑은 자유를 추구하지만, 자유는 필연적으로 그 위기를

심화시킨다.[74]

   사랑이 자유를 추구하는 이유는, 속박되어 있지 않다고 느낄 때 사랑받고 있다고 느끼기 때문이다. 어디서 누구와 무엇을 하는지 감시당하면 신뢰받지 못하고 사랑받지 못한다고 느끼게 될 터이다. 두 사람의 공동체가 밖으로 열려 있으면 관심이 다른 사람에게 쏠리고 사랑의 위기가 깊어진다고 모리는 말했지만, 사실은 그렇지 않다. 오히려 자유로움으로 두 사람의 결속은 강해진다. 상대를 구속하고 지배해야 상대와 결속할 수 있다고 생각하는 사람은 동의하지 않을지도 모르지만.

존재 자체가 사랑

   지금까지 살펴본 내용으로 보면 사랑은 주고받는 것이 아니라는 사실을 알 수 있다. 상대가 누구든 개의치 않고 도움의 손길을 내미는 사람은 당신을 도와줬으니 나를 도와달라고 말하지 않을 것이다.

   에리히 프롬은 다음과 같이 말했다.

   여덟 살 반에서 열 살이 될 때까지 대부분의 아이들에게 문제는 오로지 사랑받는 것, 자신이 있는 그대로 사랑받는 것이다. 이 연령대 아이들은 사랑받는 것에 기꺼이 반응하지만 아직 사랑하지는 않는다.[75]

부모에게 사랑받기만 하던 아이가 이윽고 부모를 사랑하게 된다. 즉, 사랑을 낳는다는 새로운 감각이 자기 자신의 활동에 의해 생겨난다. 이어지는 프롬의 말이다.

아이는 처음으로 어머니(혹은 아버지)에게 무언가를 '주는' 것, 혹은 시나 그림같이 뭔가를 만드는 걸 생각해낸다. 태어나서 처음으로 사랑이란 관념은 사랑받는 것에서 사랑하는 것, 사랑을 낳는 것으로 변해간다.

이러한 것은 사랑하는 것의 행위적 측면이다. 그럼, 더 어리고 아무것도 만들어내지 못하는 아이는 부모에게 사랑을 받기만 할 뿐, 부모를 사랑하지는 않는 것일까?

앞에서 사람과 사람의 관계를 설명한 '프런트(면)'라는 개념에 대해 살펴보았다(20쪽 참조). 사람은 타인과 프런트로 접해 있다. '나'는 타인 없이는 살 수 없어서 점선으로 되어 있는 프런트는 타인에 의해 채워져야 한다. 또한 그런 '나'의 프런트를 채워주는 타인도 다른 타인에게 프런트가 채워진 덕분에 살고

제11장 진정으로 사랑한다는 것

있다.

갓난아기는 한순간이라도 부모의 도움이 없으면 살아갈 수 없다. 아이의 프런트는 열려 있고(점선), 그 부분을 부모가 채워주는 것이다. 가정마다 사정은 다르겠지만, 어머니가 아이를 돌보기만 한다면 어머니의 프런트도 하나 열려 있다. 그 열린 점선인 어머니의 프런트를 아이의 아버지, 남편이 채우고 있다. 그리고 아버지(남편)의 열린 프런트는 갓난아기가 채우고 있어 아이를 보면 치유된다.

이처럼 사랑을 한다고 해서 그것이 꼭 주고받는 관계인 것은 아니다. 또 아이는 부모에게 사랑을 주지만, 그것을 꼭 행동으로 표현해야 하는 것은 아니다. 아이는 아무것도 하지 않아도 살아 있는 것만으로 부모에게는 고마운 존재다. 어떤 표현이나 행동 없이도 부모에게 사랑을 주는 것이다. 그리고 머지않아 행동으로도 부모에게 사랑을 베풀기 시작한다. 프롬이 든 예에 따르면 '무언가를 주는 것이나 시나 그림 같은 것을 지어내는 것' 같은 행동으로 말이다. 그런데 부모는 아이가 뭔가를 해줘야만 아이가 자신을 사랑한다는 사실을 아는 것이 아니다. 부모는 그저 아이가 살아 있다는 사실에 감사하며, 아이가 특별한 일을 하지 않아도 아이에게 사랑을 받는다고 느낀다.

아이가 이 사실을, 즉 자신이 살아 있는 것만으로도 부모에게 사랑받고 있다는 사실을 알면 자신의 가치를 인지한다. 반면에 부모가 자식이 그저 살아 있는 것만으로는 안 된다고 여기면 아이에게 특별함을 요구하게 된다. 그러면 아이도 부모에게 사랑받기 위해 뭔가 특별한 일을 해야 한다고 생각한다.

게다가 부모 자신이 원하는 삶을 아이에게 기대하게 되면 아이는 부모의 기대에 부응하려고 하지만 그래도 온전히 부응할 수가 없다. 그래서 부모에게 사랑받지 못한다고 여겨, 반항하거나 절망한다.

이렇게 되지 않기 위해서는 때때로 자녀에게 알려줘야 한다. 네가 살아 있는 것만으로도 부모에게 사랑을 주고 있으니, 특별한 일을 하려고 하지 않아도 된다고 말이다.

그러려면 먼저 부모 스스로가 자신이 살아 있는 것만으로 가치가 있다고 생각해야 한다. 요즘 세상의 상식과는 다르다 해도 기억해주길 바란다. 나의 부모는 자식인 내가 사랑을 돌려주기를 바랐을까? 부모는 그런 걸 바라지 않는다.

나를 있는 그대로 주는 것

———

프롬에 의하면 인간은 본래 고독하며, 세상으로부터 격리되어 있다. 이 분리를 견딜 수 없는 인간은 고독에서 벗어나 타인과 하나가 되기를 원한다. 그런데 그렇게 되는 방법이 문제다.

프롬은 어머니와 태아가 공생 관계로 연결된 방식으로 돌아가는 것은 부정적으로 보았다. '공생적 연결'의 수동적 형태가 '복종', 능동적 형태가 '지배'다. 복종을 택하는 사람은 고독에서 벗어나기 위해 타인의 결정에 따라 자유를 포기한다. 그리고 지배하는 사람은 타인을 자신의 일부로 만들고 자신을 숭배하는 타인을 포섭하려 한다.

이 두 가지 연결 형태는 정반대의 모습인 듯 보이지만, 둘 다 바라는 건 '상대와의 완전성 없는 연결'[76]이다. 둘 다 타인과 관계 맺기를 추구하지만 개성을 잃고 자신의 진정한 모습을 잃게 된다.

고독을 벗어나는 방법 중에 프롬이 '정답'으로 꼽은 방법이 있다. 지금까지 내가 말해온 '자립'이다. 이를 프롬은 '새로운 조화'에 도달하는 것이라고 표현했는데, 이를 위해서는 이성과 사랑하는 능력을 발달시켜 자기중심성을 넘어 타인에게 관심을 가져야 한다고 말했다.

사랑에 대해 말하자면, 사람들이 일반적으로 믿는 것과는 달리 사랑은 '하나 됨'이 아니라 자신과 상대가 분리되어 있는 것을 전제로 한다. 그런 다음 그 단절을 극복한다. 이것이 어떤 의미인지 실감하기란 쉽지 않다.

인간이 친밀함과 자립, 타자와의 일체성과 독자성, 특수성을

동시에 추구해야 하는 것이야말로 인간 존재의 역설이다.[77]

두 사람이 하나가 되었는데도 여전히 두 사람으로 남아 있다는 역설이 생겨나기 때문이다. 이 역설에 대한 답으로 프롬은 '생산성'을 꼽았다. 생산이라고 해서 말 그대로 뭔가 만들어 낸다는 뜻은 아니다.

사랑할 능력이 없는 사람은 상대를 지배하려 한다. 지배하기 위해서는 상대가 무력해야 하며, 적어도 무력하다고 여김으로써 지배를 정당화하려 한다. 이런 식으로 타인을 지배하려는 사람은 상대가 자유로워져 자립하고 자신의 지배에서 벗어나려고 하면 온 힘을 다해 막으려 한다. 부모가 "너를 위해서 이러는 거야"라고 말하는 것은 사랑해서가 아니라 아이가 자립해서 자유롭게 사는 것을 허락하고 싶지 않기 때문이다. 연애를 할 때도 같은 일이 일어난다.

지배당하는 사람, 의존하는 사람은 무無가 된다. 즉 개성을 잃는다. 그런 걸 원하는 사람이 있다는 것은 앞에서 보았다. 스스로 결정하고 싶지 않은 것이다. 이처럼 지배하는 사람과 지배당하는 사람은 '공생', 즉 서로 의존하는 관계에 놓인다.

하지만 사랑하는 능력이 있는 사람은 지배하지도 지배당하지도 않는다. 지배하지도 지배당하지도 않는 사랑이 성숙한 사랑, 생산적인 사랑이다. 여기서 주목해야 할 부분은 '사랑받는'

능력이 아니라 '사랑하는' 능력이라는 점이다. 사랑은 거기에 '빠지는' 수동적인 감정이 아니라 능동적인 힘이자 활동이며 '주는' 것이지, '주어지는' 수동적인 것이 아니다.

무엇을 주는가. 주는 것*give*은 무언가를 포기하는 것*give up*이 아니다. 대가가 있으면 기꺼이 주지만, 주고도 대가가 없으면 속았다고 많은 이들이 생각한다. 주기만 하면 가난해진다고 생각한다. 그래도 그냥 주는 것이다. 사랑은 주고받는 것이 아니며, 희생하는 것도 아니다.

단, 베푸는 사람은 타인에게 사랑을 '생산'하는 것이다. 어린 아이는 아무것도 하지 않아도 주변 사람에게 베푼다. 아이가 주는 사랑은 다른 사람에게 전해진다.

프롬의 설명에서 내가 주목한 부분은 이것이다. 그는 사랑으로 극복하게 될, 연결되기 전의 단절 상태를 가리켜 '사람을 친구*fellow-men*로부터 분리하는 벽'[78]이라고 말한다. 벽이 있든 없든 사랑하기 전부터 이미 타인은 친구였던 셈이다.

독일어로 '친구'라는 말은 '사람과 사람이 연결되어 있다'는 뜻이라고 말한 바 있다. 아들러도 이 말을 썼다고 했는데, 사랑으로 고독을 극복하기 전부터 타인은 친구였다. 타인을 기본적으로 친구가 아닌 '적'으로 보는 이들이 많다. 그러나 사랑이 이 벽을 허무는 힘, 즉 타인과 연결하는 힘이 되려면 우선 타인은 친구라는 인식이 전제되어야 한다.

자신이 가치 있다고 생각하라

아들러가 생각하는 사랑의 기저에는 공동체 감각이 있다. 아들러는 공동체 감각을 '의식적으로 발달시켜야 하는 선천적 가능성'이라고 말했다.[79] 즉 공동체 감각은 타고난 것이기는 하지만 잠재된 가능성으로서, 의식적으로 발달시켜야 한다. 다시 말해 숨쉬기나 직립보행처럼 자연스럽게 발달하는 자질이 아니라는 얘기다.

'교육한다'는 독일어로 erziehen이라고 하는데, 여기에는 '끌어낸다'는 뜻이 담겨 있다. 교육한다는 뜻의 영어 에듀케이트 educate도 라틴어 educo가 어원으로, 역시 끌어낸다는 의미다. 무엇을 끌어내느냐 하면 공동체 감각이다. 이제부터 차근차근 설명하겠다.

먼저 공동체 감각은 앞서 보았듯이 '사람과 사람이 연결된 것'을 가리키며, 타인을 '적'이 아니라 '친구'로 본다. 그래서 인간은 본래 타인과 연결되어 있다는 생각을 갖고 있지 않으면 공동체 감각을 끌어낼 수 없다. 그러한 생각을 의식해야 끌어낼 수도 있다는 말이다.

왜 의식적으로 발달시켜야 하는가. 공동체 감각이 가능성에 머물러 있고 의식적으로 발달시키지 않으면 많은 사람들이 자신에게만 관심을 갖기 때문이다.

제11장 진정으로 사랑한다는 것

그래서 앞에서도 살펴봤듯이 아들러는 '자신을 향한 집착'이 개인심리학의 핵심 공략 지점이라고 말했다. '자신을 향한 집착'이란 '모든 것을 자신과 연결한다'는 의미다.

그러면 어떻게 하면 타인을 향한 관심을 끌어낼 수 있을까? 먼저 야단치지 말아야 한다. 야단을 맞으면 타인을 적으로 생각하고 타인에게 관심을 갖지 않게 된다. 타인에게 관심이 없는 사람은 타인과 자신이 이어져 있다고 생각하지 않는다.

다음은 칭찬하지 않는 것이다. 칭찬을 받다 보면 타인을 배려하고 도와주었다는 사실을 인정받지 못했을 때 적절한 행동을 하지 않는다. 그런 사람은 자기 자신에게만 관심이 있다.

야단치지도, 칭찬하지도 않는 대신 무엇을 하면 좋을까. 바로 타인이나 자신의 기여에 주목해야 한다. 아들러는 "자신에게 가치가 있다고 생각할 수 있을 때만 용기를 낼 수 있다"고 말했다.[80] 어떤 때 자신에게 가치가 있다고 생각하는가? 자신이 어떤 도움이 되고 있다고 느낄 때다. 그렇게 해서 자신에게 가치가 있다고 생각하면 인간관계, 타인과의 관계 속으로 들어갈 수 있다. 그 관계는 강요된 것이 아니라 자발적으로 형성되는 것이며, 그야말로 진정한 관계라고 할 수 있다.

연결되고 싶은 사람과 연결된다

싫으면 끊어내고 만나고 싶으면 만나라

————

타인과의 연결을 끊고 혼자 살아갈 수는 없다. 사람과 연결된 것이 '인간'의 본래 모습이다. 하지만 인간관계는 고민의 원천이며, 사람과 관계를 맺다 보면 어떤 식으로든 마찰이 생겨 상처를 받을 수도 있다.

그러나 다른 한편으로는 삶의 기쁨도 행복도 타인과의 관계 속에서만 경험할 수 있다. 따라서 관계 속으로 들어갈 필요가 있다. 그러면 관계 속으로 들어갈 때 어떤 인간관계를 맺어야 하는가, 다시 말해 즉 의존과 지배 관계가 아니라 자립적인 관계를 맺고 자신의 인생을 살아야 한다는 점 등을 앞에서 살펴보았다.

의존과 지배 관계에 있다면 끊어내는 각오가 필요하다. 타인을 기꺼이 따르는 사람도 있지만, 자신도 모르는 사이에 어떤 관계 속으로 빨려 들어가는 사람도 있다. 그 사실을 깨닫고, 굳이 어울릴 필요가 없는 사람과는 필요 이상으로 관계하지 말고, 연결을 끊어낼 각오를 해야 한다.

반면에 연결되어야 할 사람과는 연결되는 것이 좋다. 정말로 만나고 싶은 사람과는 만났으면 한다. 코로나 사태 당시 병원이나 시설에 있는 가족과 만나지 못하는 것은 힘든 일이었다. 그런가 하면 우리가 누구와 정말로 만나고 싶은지, 누구는 꼭 만나지 않아도 되는지를 깨닫기도 했다.

삶의 우선순위

인간관계를 판단하기 위해서는 행복이 무엇인지 이해해야 한다.

최근에 TV 프로그램에서 아내와 사별한 남성의 인터뷰를 보았다. 그는 이제 일에는 전혀 관심이 없다고 말했다. 일과 아내의 우선순위가 바뀐 것이다.

누구나 살아가기 위해서는 일을 해야 하지만, 일이 삶의 1순위가 되어서는 곤란하다. 내가 심근경색으로 쓰러져 입원했을 때 간호사가 이런 말을 해주었다.

"그냥 살아났구나, 하고 마는 사람도 있지만 앞으로의 일을 생각하면서 푹 쉬는 것도 나쁘지 않아요. 아직 젊으니까 다시 태어났다 생각하고 힘내세요."

이 말을 듣고 나는 퇴원 후의 삶에서 무엇이 중요할까 생각했다. 그것은 한마디로 '사는 것'이었다.

예전에 어느 회사의 임원 연수에서 강연을 한 적이 있다. 대개 연수라는 건 강연자의 이야기를 듣고 싶어서 참가하는 것이 아니어서, 그날 내가 강연할 때도 청중 대다수는 지루한 얼굴로 듣고 있었다. 그런데 내가 "사람은 일하기 위해 사는 것이 아니라 살기 위해 일하는 것입니다"라고 말하자, 여러 사람이 갑자기 눈을 반짝였고 개중에는 몸을 앞으로 내밀고 듣기 시작한 사람도 있었다.

사람은 일하기 위해 살지 않는다. 이런 말을 하면, '일 안 하고 먹고살 수 있냐'고 반발하는 사람이 많다. 물론 맞는 말이지만 과로로 쓰러지거나 전근으로 가족이 뿔뿔이 흩어지면 대체 무엇을 위해 일하는지 알 수 없게 되어버린다. 회사는 직원들이 회사와 연결되기를 바랄 수도 있지만, 인생에서 중요한 것을 희생하면서까지 회사와 연결될 필요는 없다. 몸을 바쳐 일해도 행복을 느낄 수 없다면, 그건 진정으로 연결되어야 할 사람과 연결되지 않았기 때문이다.

제12장 연결되고 싶은 사람과 연결된다

사는 것만으로도 가치가 있다

미키 기요시는 다음과 같이 말했다.

> 행복은 존재와 관계 있는 반면, 성공은 과정과 관계가 있다.[81]

아무것도 이루지 못할지라도 지금 살아 있는 것 그 자체가 행복한 '상태'라는 뜻이다. 사람이 살기 위해 일한다고 할 때의 '산다'는 것은 있는 그대로 '행복하게 산다'는 의미다. 살아 있는 것이 행복하다면 일을 하든 안 하든 애초에 사람은 행복한 '상태'다.

그렇다면, 일하는데 행복하지 않다는 건 이상하다. 인생에는 행복을 희생하면서까지 성취해야 할 일은 없기 때문이다.

임원 연수에서 내 강연을 들었던 임원들은 모두 젊었을 적부터 몸이 부서져라 일해왔을 것이다. 그렇게 일한 이유는 다른 사람과의 경쟁에서 이겨 승진하고 성공하기 위해서였을 것이다. 그리고 실제로 경쟁에서 이겨서 성공했다. 다들 학생 시절 명문대 합격을 목표로 열심히 공부한 이유도 성공하기 위해서였다.

앞서 미키는 '성공'은 과정과 관계가 있다고 말했다. 지금 사는 것이 행복이라면, 성공은 뭔가를 이뤄야 한다는 뜻이다. 행복이 지금이라는 점이라면 성공은 직선으로 볼 수 있다. 성공하기 위해서는 거기에 이르는 과정을 거쳐야 한다. 문제는 성공할지는 알 수 없고, 뭔가를 달성해서 성공했다 해도 그것으로 끝나지 않는다는 점이다. 바로 다음 목표가 나타날 것이다. 그렇게 되면 성공이 행복이라고 생각했던 사람은 순간적으로는 행복을 느낄지도 모르지만, 또다시 다음 목표를 이루기 위해 일하지 않으면 안 된다. 성공은 신기루와 같아서, 다다른 줄 알았는데 금세 사라져버린다.

그리고 눈 깜짝할 사이에 정년을 맞이한다. 일해서 성공 가도를 달리는 동안에는 자신에게 가치가 있다고 생각했던 사람이 정년퇴직하여 일을 그만두면 더 이상 가치가 없다고 여긴다. 그간 뭔가를 성취하는 데서 자신의 가치를 찾았기 때문이다.

어느 유명한 은행의 은행장이 뇌경색으로 입원했다. 그 사람은 몸을 움직일 수 없게 되자 더 이상 살 가치가 없다고 절망해서는 "날 죽여라"라고 외치며 가족을 괴롭혔다.

물론 그 사람이 평생 몸 바쳐 일해서 은행장까지 지낸 삶이 가치가 없었던 건 아니다. 하지만 일을 그만두고 몸을 움직일 수 없게 되어도 가치는 없어지지 않는다. 살아 있는 것에 가치가 있다. 이는 일할 때도 마찬가지다. 일을 하고 있을 때는 자신에게 가치가 있다고 생각하겠지만, 그럴 때도 일하고 있어서

제12장 연결되고 싶은 사람과 연결된다

가치가 있는 건 아니다. 누구나 일할 수 있는 것은 아니다. 일을 한다고 반드시 성공하는 것도 아니고 나이가 들거나 병에 걸려 일을 하지 못하는 사람도 있다.

하지만 그런 것과 관계없이 무슨 일이 있든 살아 있는 것만으로 자신에게 가치가 있고 행복하다고 느낄 수 있다면, 일을 하든 하지 않든 매일의 생활 속에서 행복을 느낄 수 있다. 그리고 정년이나 다른 사정으로 일을 그만두고, 그 결과 여러 사람과 관계가 끊어진다고 해도 그로 인해 자신의 가치가 없어지고 불행해지는 것은 아니다.

매여 있던 관계에서 벗어나는 순간

———

그런데 그렇게 생각하지 않고 노후 혹은 정년퇴직 후에도 뭔가를 해야 한다고 생각하는 사람이 많다. 사람들과 연결되어야 하고, 그러기 위해서는 취미를 가져야 한다고 생각하는 사람도 많다. 그렇게 사는 삶을 부정하고 싶지는 않지만, 타인과 연결되어 살아야 한다고 주변에서 자꾸 권한다면 이것도 연결의 강요다.

지역 모임에 들어가도 이제 직함이 없는 것에 익숙하지 않아서 붕 뜨고는 한다. 직장을 그만둔다고 해서 반드시 사람들과 관계 맺을 필요는 없다. 일단 관계에서 해방되어 경쟁이나 평가에서 자유로워진 상태에서 어떻게 살아갈 것인지 천천히 생각해보면 좋다.

내가 고등학생 때 사회 선생님이 나중에 일을 그만두면 젊었을 때 사둔 책을 읽겠다고 말했던 기억이 난다. 안타깝게도 선생님은 정년을 맞이하기 전에 세상을 떠나서 그런 노후를 보낼 수는 없었지만.

일을 그만두기 전이라도 다른 것을 해볼 수 있다. 현실적으로 시간 등의 제약이 있겠지만, 해보고 싶은 일이 있으면 주저하지 말고 해야 한다. 사람들과 어울리기 위해서가 아니라 순수하게 호기심에서 시작한 일이라면 정년을 맞이하는 것이 불안하지 않다.

인간의 가치는 생산성이나 경제적 유용성에 있는 것이 아니라는 사실을 알아야 한다. 병에 걸리면 좋든 싫든 그 점을 생각하게 되지만, 병에 걸리지 않더라도 상식과는 다른 가치관이 있음을 안다면 인생은 달라진다.

공명하며 살아간다

자립한다고 해서 타인과 무관하게 사는 것이 아니다. 다만 누구에게도 지배당하지 않고 의존하지도 않으며 자신의 완전성을 유지한 채 타인과 연결되려면 어떻게 해야 할까? 프롬은 이러한 질문을 제기했으나 그에 대한 명확한 답은 내놓지 않은 것 같다.

그 답으로 나는 '공명共鳴'을 제안하고 싶다. 우리는 공명을 통해 타인에게 영향을 주고 영향을 받을 수 있다. 타인과 공명하고 공감함으로써 스스로 변하기도 한다.

어린아이는 살아 있는 것만으로도 어른에게 영향을 미친다. 아이의 웃는 얼굴을 보고 마음이 치유되기도 하는데, 아이에게는 어른의 마음을 치유하려는 의도가 없다. 태어난 아이는 아무 의도가 없어도 가족에게 적잖은 영향을 준다.

우리는 독서를 통해 강한 영향을 받기도 한다. 작가와 독자는 서로를 직접적으로 알지 못하며 심지어 작가가 고인일 수도 있다. 그럼에도 작가는 자신의 완전성을 유지한 채 독자의 마음에 공명을 일으킨다. 아이와 어른, 작가와 독자의 관계 외에도 여러 인간관계에서 이런 경향을 찾아볼 수 있다.

일례로 안톤 체호프의 〈대학생〉이라는 단편 소설을 보자. 신학생 이반이 모닥불 앞에서 사도 베드로의 이야기를 들려주자, 바실리사가 눈물을 흘린다. 그가 들려준 베드로 이야기는 잘 알려져 있듯 다음과 같다. 베드로는 예수가 붙잡혔을 때 자신에게도 위험이 닥칠까 봐 두려워졌다. 예수의 패거리로 보이고 싶지 않았던 베드로는 "나는 그 사람을 모른다"라고 세 번 부인했다. 베드로가 예수를 세 번 부인하자 닭이 울었다. 그 순간 베드로는 그날 아침에 예수가 "너는 오늘 닭이 울기 전에 나를 세 번이나 모른다고 할 것이다"라고 말한 것을 떠올리고 크게 울었다.

이반은 바실리사가 운 이유가, 1900년 전의 사건이 현재와 연결되어 있기 때문이라고 보았다. 해당 구절은 다음과 같다.

> 과거는 끊임없이 일어나는 사건의 연쇄로 인해 현재와 단단히 연결되어 있다. 그는 그렇게 생각했다. 그리고 그는 방금 그 양끝을 본 것 같은 기분이 들었다. 한쪽 끝이 흔들리자 다른 쪽 끝이 꿈틀거리며 흔들렸기 때문이다.

이반은 바실리사가 눈물을 흘린 건 베드로에게 일어난 일에서 뭔가 떠오르는 게 있었던 것이라고, 베드로의 마음속에 일어난 일을 그녀가 몸과 마음으로 확실하게 받아들였기 때문이라고 생각했다. 이반한테서 베드로의 이야기를 들었을 때, 바실리사는 베드로에게 일어난 일을 자신에게 일어난 일처럼 느꼈다. 그녀도 베드로처럼 자신이 사랑하는 사람을 배신했던 기억을 떠올렸는지도 모른다. 그래도 베드로가 예수에게 용서받았듯 자신의 죄도 용서받을 것이라고 생각했는지도 모른다. 이렇듯 베드로의 경험은 시공을 넘어 바실리사에게 '공명'했다.

혼자 애쓰지 마라

———

　우리 자신의 존재는 공명이라는 방식으로 타인에게 반드시 영향을 미치며, 아무것도 하지 않더라도 타인에게 기여 즉 도움이 될 수 있다.

　타인에게 기여하기도 하지만 타인에게 도움을 요청해야 하는 경우도 있다. 누구나 처음부터 자립할 수 있는 것은 아니다. 생활 면에서는 부모의 부단한 도움이 필요했던 어린 시절을 지나야 많은 것을 스스로 할 수 있게 된다. 마치 글라이더가 다른 비행기나 자동차에 끌려 날아가다가 하늘로 날아오른 뒤 와이어를 끊고 활공하는 것처럼 말이다. 언젠가는 자립해야 하지만 처음부터 스스로 활공할 수 있는 것은 아니다.

　잘 못하는 일이 있으면 못한다고 인정하고 남에게 털어놓는 것도 자립이다. 자신의 가치는 살아 있는 것에 있으므로 그런 일로 가치가 줄어들지 않는다. 타인에게 의존하며 사는 것을 당연하게 여기는 사람이 아니라면 도움을 청하기 전에 할 수 있는 일을 다 할 것이다. 아니, 오히려 지나치게 혼자 애쓰는 사람도 있는데, 잘 못하는 일에 관해서는 필요한 도움을 받아도 되고 받아야 한다.

타인에게 도움을 받는다고 해서 곧바로 타인에게 의존하게 되는 것은 아니다. 가령 누군가 혼자 일어서려고 할 때 재빨리 손을 내밀어줄 수도 있지 않은가. 그런 행위는 그 사람의 자립심을 빼앗는 것도 아니고, 내민 손을 잡았다고 해서 그 사람이 다시는 혼자 일어서지 못하게 되는 것도 아니다.

도움을 청하는 것도 용기다

────────

타인에게 도움을 청하기 위해서는 타인을 '친구'로 여기고 필요할 때는 그 친구에게 도움을 요청할 수 있다고 생각해야 한다. 대부분은 그 요청을 거절하지 않는다는 것을 앞에서 이미 보았다.

나는 심근경색으로 입원했던 이듬해에 관상동맥 우회수술을 받았다. 심장을 정지시키고 인공호흡기를 연결하는 대수술이었다. 그때 흉골을 절개했는데, 와이어로 연결하고 봉합한 흉터를 보호하기 위해 가슴에 밴드를 붙였다.

퇴원한 뒤로 외출할 때 만원 전철을 타는 날도 있었다. 그럴 때면 힘들어서 누군가 자리를 양보해주었으면 좋겠다는 생각이 들기도 했다. 여름이라서 원래는 피부에 직접 붙이는 밴드를 옷 위에 붙였는데, 밴드를 봐도 그게 뭔지 아는 사람이 없어서 아무도 자리를 양보해주지 않았다. 실은 '양보해달라'고 하면 어떻게 생각할까 싶어 말을 꺼내지 못했다. 만약 입장을 바꾸어 누군가 자리를 양보해달라고 했다면, 나는 이유도 묻지 않고 양보했을 텐데 말이다.

상담했던 때를 돌이켜보면, 남성이 상담하러 오는 일은 별로 없었다. 당신이 하는 말을 왜 들어야 하느냐고 생각하는 사람도 있었을 것이고, 자신의 약점을 보여주고 싶지 않은 사람도 있었을 것이다. 그렇게 아무리 괴로워도 혼자서 어떻게든 해야 한다는 생각에 참고 또 참다 보면, 어느 날 아침 몸이 움직이지 않아 출근할 수 없게 될 수도 있다. 막다른 곳에 몰려 죽음을 생각하는 사람의 경우에는 도움을 청할 수 있느냐가 생사를 결정한다. 필요할 때는 타인에게 도움을 청할 용기를 가져야 한다.

진정한 관계를 맺을 수 있다는 믿음

———

일이라면 결과를 내야 하지만 처음부터 혹은 계속해서 원하는 결과를 낼 수 있는 것은 아니다. 내가 심근경색으로 입원했을 때, 출간을 앞둔 책의 교정지가 도착했다. 나는 편집자에게 입원한 사실을 숨기고 교정을 봤다. 입원 중이라 당분간 교정을 볼 수 없다고 하면 두 번 다시 의뢰가 오지 않을 거라고 생각했기 때문이다. 하지만 병원에 입원했다고 말했더라면 마감을 늦출 수 있었을 것이다. 만일 그렇게 말했는데도 무조건 약속한 마감일을 지키라고 요구하는 출판사였다면 내 쪽에서 일을 거절할 수도 있었을 테고. 그러나 난 무리해서 교정을 봤다.

이런 일이 생기는 이유는 타인을 신뢰하지 않기 때문이다. 입원하게 되었을 때 일하던 학교에 전화를 걸었다. 전화를 받은 교사는 뜻밖에도 '어떤 조건으로든 복귀해주면 좋겠다. 기다리고 있겠다'고 말해주었다. 정말로 고마웠다. 원래 일주일에 한 번 출강했는데, 그게 격주가 되고 다시 복귀가 반년 후로 미뤄졌는데도 '기다리겠다'고 해주었다. 덕분에 나는 일에는 기여하지 못해도 나의 존재를 인정받고 있다고 느꼈다.

그 무렵 다른 학교에도 출강하고 있었는데, 입원했다고 연락했더니 이 학교에서는 곧바로 나를 해고했다. 학교 측으로서는 당장 강의를 할 수 있는 교사를 찾아야 했을 것이다. 앞서 말한 학교에서 나는 다른 누구도 대신할 수 없는 교사였지만, 이 학교는 나를 대신할 사람이 있다고 판단했던 것이다. 물론 대체할 사람을 구하는 것은 잘못이 아니지만, 이 학교와는 단지 업무상의 관계에 지나지 않았던 것이다. 복귀를 기다린다고 말해준 학교가 있었기에 나는 업무 관계에서도 진정한 유대를 맺을 수 있다는 것을 알았다. 이후 복귀를 했는데, 강요당한 것이 아니라 내가 자진해서 다시 그 학교에서 일하기로 결심하고 복귀한 것이다.

지금 당시를 돌이켜보면 내가 경험한 일은 인간관계 전반에 적용된다. 병원에 입원해 있는데 교정을 하지 못하면 일자리를 잃을지도 모른다고 생각한 것은 지배에 굴복한 것이다. 몸 상태가 좋지 않아 일을 할 수 없는데 쉴 수 없는 사람도 마찬가지다. 요즘은 직원에게 무슨 일이 있어도 출근하라고 명령하는 회사는 없지만, 만약 그런 회사가 있다면 지금까지 해온 말로이는 연결의 강요다.

자립한 사람은 병에 걸렸을 때도 무엇이 자신에게 중요한지 알아서 지배에 굴하지 않는다. 일에 관한 한 지금은 기여할 수 있어도 언제까지 일할 수 있을지는 모른다. 하지만 자신의 존재 자체로 타인에게 기여할 수 있다는 사실을 알고 있으면 필요할 때 타인에게 도움을 구할 수 있으며, 업무상 관계에 굴하지 않고 상대를 끊어낼 수도 있다.

진정한 관계는 자기중심적인 지배나 의존 관계가 아니라 한 사람 한 사람이 자립한 상태에서 연결되어 있는 관계다. 따라서 도움이 필요한 사람은 도와주고 자신도 필요할 때는 다른 사람에게 도움을 청할 수 있다. 그런 진정한 관계를 맺을 수 있다는 것을 알면 아무리 힘들어도 살아갈 수 있다.

제12장 연결되고 싶은 사람과 연결된다

주

1 야기 세이이치,《진정한 삶의 모습을 찾아서ほんとうの生き方を求めて》, 1985.

2 필리스 보톰(Phyllis Bottome),《알프레드 아들러*Alfred Adler*》, 2017.

3 앞의 책.

4 지크문트 프로이트,《문명 속의 불만》, 김석희 옮김, 열린책들, 2020.

5 앞의 책.

6 앞의 책.

7 데이브 그로스먼(Dave Grossman),《살인의 심리학》, 이동훈 옮김, 열린책들, 2023.

8 이케자와 나쓰키, 국내 출간:《이라크의 작은 다리를 건너서》, 양억관 옮김, 달궁, 2003.

9 와쓰지 데쓰로,《윤리학倫理学》, 2007.

10 앞의 책.

11 앞의 책.

12 알프레드 아들러, 국내 출간:《인간이해》, 라영균 옮김, 일빛, 2009.

13 하인츠 안스바허(Heinz Ansbacher), 로베나 안스바허(Rowena

Ansbacher),《알프레드 아들러의 개인심리학*Alfred Adlers Individual —psychologie*》, 1982.

14 알프레드 아들러,《다시 일어서는 용기》, 유진상 옮김, 스타북스, 2021.

15 알프레드 아들러,《인간이해*Menschenkenntnis*》, 라영균 옮김, 일빛, 2009.

16 로널드 랭,《자아와 타자*Self and Others*》, 1972.

17 앞의 책.

18 에리히 프롬,《자기를 위한 인간*Man for Himself*》, 강주헌 옮김, 나무생각, 2018.

19 앞의 책.

20 알프레드 아들러 외 6인,《교육하기 힘든 아이들*Schwer erziehbare Kinder*》, 1926.

21 에리히 프롬,《건전한 사회》, 김병익 옮김, 범우사, 1999

22 알프레드 아들러,《학교에서의 개인심리학*Individualpsychologie in der Schule*》, 1929.

23 알프레드 아들러,《아들러 삶의 의미》, 최호영 옮김, 을유문화사, 2019.

24 알프레드 아들러,《삶의 과학》, 정명진 옮김, 부글북스, 2014.

25 알프레드 아들러,《신경질적 성격에 관하여*Über den nervösen Charakter*》, 1912.

26 미키 기요시, 〈시국과 학생時局と学生〉,《동경제국대학신문東京帝
　　国大学新聞》, 1937.

27 알프레드 아들러,《인간이해》, 라영균 옮김, 일빛, 2009.

28 앞의 책.

29 앞의 책.

30 수전 손택,《문학은 자유다》, 홍한별 옮김, 이후, 2007.

31 올림픽 헌장 제6조 1항은 다음과 같다. '올림픽 경기는 개인
　　및 팀 간의 경쟁이며 국가 간 경쟁이 아니다(Olympic Games are
　　competitions between athletes in individual or team events and not
　　between countries).'—옮긴이

32 다나베 하지메,《역사적 현실歷史的現実》, 1959.

33 미키 기요시,《이야기되지 않은 철학語られざる哲学》, 1977.

34 앞의 책.

35 앞의 책.

36 와타나베 가즈오, 〈관용은 스스로를 지키기 위해 불관용에 대
　해 불관용이 되어야 하는가〉,《광기에 대하여狂気について》, 1993.

37 앞의 책.

38 앞의 책.

39 배명훈, 〈누가 답해야 할까?〉,《눈먼 자들의 국가》, 문학동네,
　　2014.

40 에리히 프롬,《불복종에 관하여》, 김승진 옮김, 마농지, 2020.

41 알프레드 아들러,《다시 일어서는 용기》, 유진상 옮김, 스타북스 2021.

42 에리히 프롬,《건전한 사회》, 1955.

43 앞의 책.

44 에리히 프롬,《자기를 위한 인간》, 1947.

45 미키 기요시,《인생론 노트》, 이성규, 임진영 옮김, 지식공간 2022.

46 에리히 프롬,《자기를 위한 인간Man for Himself》, 강추헌 옮김, 나무생각, 2018.

47 미키 기요시, 〈정의감에 대하여正義感について〉,《미키 기요시 전집三木清全集》제15권, 1966.

48 미키 기요시,《인생론 노트》, 이성규, 임진영 옮김, 지식공간 2022.

49 미키 기요시,《이야기되지 않은 철학語られざる哲学》, 1977.

50 미키 기요시,《인생론 노트》, 이성규, 임진영 옮김, 지식공간 2022.

51 앞의 책.

52 모리 아리마사,《흐르는 강의 기슭에서流れのほとりにて》, 1960.

53 마이클 크라이튼,《마이클 크라이튼의 여행》, 터치아트, 2007.

54 모리 아리마사,《바빌론의 강가에서バビロンの流れのほとりにて》, 1968.

55 김연수,《세계의 끝 여자친구》, 문학동네, 2009.

56 김연수,《청춘의 문장들+》, 마음산책, 2014.

57 김연수,《세계의 끝 여자친구》, 문학동네, 2009.

58 앞의 책.

59 앞의 책.

60 알프레드 아들러,《삶의 과학*The Science of Living*》, 1929.

61 가토 슈이치,《〈양의 노래〉 여담〈羊の歌〉 余聞》, 2011.

62 에리히 프롬,《인간의 마음》, 문예출판사, 2002.

63 앞의 책.

64 앞의 책.

65 알프레드 아들러,《아들러 삶의 의미》, 최호영 옮김, 을유문화사, 2019.

66 야기 세이이치,《예수의 종교イエスの宗教》, 2009.

67 야기 세이이치,《예수와 현대イエスと現代》, 2005.

68 필리스 보톰,《알프레드 아들러》, 2017.

69 지그문트 프로이트,《문명 속의 불만》, 김석희 옮김, 열린책들, 2020.

70 알프레드 아들러,《다시 일어서는 용기》, 유진상 옮김, 스타북스, 2021.

71 와쓰지 데쓰로,《윤리학》, 2007.

72 에리히 프롬,《사랑의 기술》, 황문수 옮김, 문예출판사, 2019.

73 마르틴 부버, 《나와 너》, 김천배 옮김, 대한기독교서회, 2020.

74 모리 아리마사, 《성문 옆에서城門のかたわらにて》, 1963.

75 에리히 프롬, 《사랑의 기술》, 황문수 옮김, 문예출판사, 2019.

76 앞의 책.

77 알프레드 아들러 외 6인, 《교육하기 힘든 아이들》, 1926.

78 에리히 프롬, 《사랑의 기술》, 황문수 옮김, 문예출판사, 2019.

79 알프레드 아들러, 《신경증의 문제Problems of Neurosis》, 1964.

80 카렌 드레셔(Karen Drescher), 《아들러의 말Adler Speaks》, 2004.

81 미키 기요시, 《인생론 노트》, 이성규, 임진영 옮김, 지식공간 2022.

'나'를 위한 관계 덜어내기 수업

이제 당신의 손을 놓겠습니다

초판 1쇄 발행	2025년 3월 19일
초판 4쇄 발행	2025년 4월 11일

지은이	기시미 이치로
옮긴이	전경아

책임편집	주소림
디자인	weme design
책임마케팅	최혜령, 박지수, 도우리
마케팅	콘텐츠IP사업본부
해외사업	한승빈
경영지원	백선희, 권영환, 이기경, 최민선
제작	재영P&B

펴낸이	서현동
펴낸곳	㈜오팬하우스
출판등록	2024년 5월 16일 제2024-000141호
주소	서울시 강남구 테헤란로 419, 11층(삼성동, 강남파이낸스플라자)
이메일	info@ofh.co.kr

© 기시미 이치로

ISBN	979-11-94293-34-7 (03180)

큰숲은 ㈜오팬하우스의 출판브랜드입니다.